Sistemas de seguridad y
confort en vehículos
automóviles

Albert Martí Parera

Sistemas de seguridad y confort en vehículos automóviles

Alfaomega · marcombo

© A. Martí Parera

ISBN 84-267-1247-9, edición original publicada por
Marcombo, S.A., Barcelona, España
© Derechos reservados

© **2001 ALFAOMEGA GRUPO EDITOR, S.A. de C.V.**
Pitágoras 1139, Col. Del Valle 03100, México, D. F.

Miembro de la Cámara Nacional de la Industria Editorial Mexicana
Registro No. 2317

Internet: **http://www.alfaomega.com.mx**
Email: **ventas@alfaomega.com.mx**

ISBN 970-15-0648-0

© **2000 ALFOMEGA,S.A.**
Transv 24 No. 40-44, Santafé de Bogotá
Tel: 3377937
Email: alfaomeg@cable.net.co

ISBN: 958-682-186-2

Edición autorizada para venta en México, Colombia, Ecuador, Perú,
Bolivia, Venezuela, Chile, Centroamérica, Estados Unidos y el Caribe.

Impreso en Colombia - Printed in Colombia

Este libro está dedicado a Pilar, Laia y Maria

Índice

Agradecimientos

A Joaquín Corvo Ponce quiero expresarle mi agradecimiento por sus orientaciones sobre el texto y sus contenidos, que amistosamente se ha avenido a discutir conmigo.

A la empresa Radiovox, S.A. y a D. Mariano Barbero por su amabilidad en atenderme y facilitarme documentación técnica de valioso interés.

A las empresas Clarion Spain, S.A., SEAT, Robert Bosch, Citroën, Mercedes Benz y a la Sociedad de Técnicos de Automoción (STA) por la documentación que han aportado para consulta y asesoramiento.

Prólogo

En esta obra se desarrollan los contenidos de hechos, conceptos y sistemas conceptuales del crédito número 7 incluido como crédito único en el módulo profesional "Sistemas de Seguridad y Confort". Este módulo forma parte del Ciclo Formativo de Grado Medio "Electromecánica de Vehículos Automóviles" de la familia profesional de Automoción.

También coincide en gran parte con los contenidos del crédito número 1 del módulo profesional "Sistemas Eléctricos de Seguridad y Confort" del Ciclo Formativo de Grado Superior de Automoción.

Además, hay el proyecto de publicar un manual de guía para el profesor en el cual se especifique la relación entre los contenidos de hechos, conceptos y sistemas conceptuales con los procedimientos y actitudes que el alumno debe desarrollar; para alcanzar los objetivos propuestos en el primer grado de concreción.

En esta obra se trata con rigor científico y criterios pedagógicos un temario muy variado, que va desde los elementos de seguridad pasiva a las adaptaciones de automóviles para minusválidos pasando por los sistemas de aire acondicionado y los sistemas multimedia que se están incluyendo en el automóvil.

A pesar de su heterogéneo contenido, no se pretende que esta obra esté exclusivamente destinada a su uso para el sistema formativo profesional; cualquier persona implicada en temas del automóvil, ya sea profesional, estudiante, técnico o personal de taller puede encontrar esta obra de gran interés y provecho.

Con una visión global se tratan temas sobre los cuales hay poca bi-

13

bliografía hasta el momento, como por ejemplo los sistemas de navegación, con un interesante apartado dedicado al mantenimiento de cada sistema en particular.

En esta obra se efectúa una detallada descripción de los fundamentos teóricos de cada uno de los diversos sistemas que se estudian y analizan, sus variantes y sus componentes.

Las normas y medidas de seguridad que deben adoptarse con cada sistema al utilizarlo como usuario del automóvil, o como profesional al efectuar las tareas de mantenimiento, también han sido motivo de atención al confeccionar este estudio.

El lector hallará en esta obra una buena fuente de conocimientos teórico-prácticos sobre los sistemas de seguridad pasiva del automóvil, sistemas de calefacción y aire acondicionado, sistemas de alarmas antirrobo, sistemas multimedia, sistemas de confort y adaptaciones para conductores minusválidos.

EL AUTOR

Capítulo 1

Seguridad activa

CRITERIOS DE SEGURIDAD EN EL AUTOMÓVIL

El hombre como ser vivo, miembro del mundo animal, no destaca precisamente por sus capacidades físicas, respecto a otros animales; no es ni el ser más veloz, ni el que puede arrastrar mayores pesos, ni el capaz de ejercer mayor fuerza muscular, pero es el más capacitado para dotarse de instrumentos que le permitan superar con creces sus limitaciones naturales.

El automóvil es uno de estos instrumentos que le permiten convertirse en el animal más veloz sobre el medio terrestre y así, si la velocidad de desplazamiento que puede soportar de forma continuada el ser humano es, por término medio, de 5 km/h gracias al automóvil puede llegar a desplazarse, durante horas, a velocidades 40 veces mayores.

Al desarrollar estas elevadas velocidades conduciendo un automóvil, el ser humano se sitúa por encima de sus capacidades, que en su propia evolución, como especie, ha acomodado a su velocidad natural de desplazamiento.

Estos hechos, si bien no nos inhabilitan para conducir vehículos motorizados a velocidades de 200 km/h, sí deben ponernos sobre aviso que nuestra capacidad para percibir obstáculos, para poder determinar la velocidad de nuestro vehículo o la velocidad de cualquier otro usuario de las vías de circulación, además de otros parámetros relacionados con el desplazamiento, es idónea para circular a 5 km/h. En consecuencia, no debemos escatimar las precauciones cuando nos ponemos al volante de un automóvil.

Los fabricantes de vehículos automóviles, más conscientes de estas limitaciones que los propios usuarios, ya desde un principio se han ocupado de la seguridad que sus vehículos deben ofrecer.

Actualmente, la seguridad de un automóvil es considerada desde dos puntos de vista diferentes pero complementarios, que engloban los aspectos de prevención y limitación de daños, en caso de accidente, para el vehículo y, de forma primordial, para las personas que utilizan el automóvil, ya sea como conductores o como pasajeros; estos conceptos se denominan: seguridad activa y seguridad pasiva.

La seguridad activa se refiere a los sistemas, dispositivos, o mecanismos que, incorporados al automóvil, incrementan su seguridad en los desplazamientos; por ejemplo, los frenos ABS incrementan la eficacia del sistema de frenos o las suspensiones de dureza variable, que acoplan su acción al estado del firme, son elementos de seguridad activa. Con otra definición los podríamos denominar como aquellos sistemas que actúan siempre de acuerdo con el funcionamiento normal del vehículo.

La seguridad pasiva se refiere a aquellos componentes, ya sean sistemas, dispositivos o mecanismos, que, incorporados al vehículo, preservan a los ocupantes de posibles daños en caso de accidente. Podríamos definirlos como elementos pasivos cuya acción sólo se desarrolla en caso de accidente. Las bolsas de aire ("air bag") ocultas en el volante, las barras antigolpes situadas en el armazón de las puertas, o los cinturones de seguridad, son buenos ejemplos de estos elementos de seguridad.

SEGURIDAD ACTIVA

Los sistemas y disposiciones adoptadas con objetivos que puedan incluirse en el apartado de seguridad activa tienen como finalidad primordial garantizar el equilibrio del vehículo cuando se desplaza.

En este sentido, hay sistemas de seguridad activa que impiden, mediante el control del par que entrega el motor y los diferenciales autoblocantes, que las ruedas resbalen sobre el asfalto creando situaciones de deslizamiento sin control.

SEGURIDAD ACTIVA EN EL MOTOR

Son los sistemas de control del par motor, denominados inicialmente con las siglas ASR. En estos sistemas el pedal acelerador es un reóstato o potenciómetro que genera una señal eléctrica proporcional a las órdenes del conductor del vehículo –pedal pisado con mayor o menor fuerza–. El microprocesador del sistema, según la señal del reóstato del pedal acelerador y la velocidad de giro de las ruedas, determina la cantidad de combustible que debe inyectarse al motor y, en consecuencia, el par motor que éste entrega.

Los sistemas ASR (figura 1) utilizan los mismos sensores que los sistemas de freno antibloqueo de ruedas; gracias a esta disposición, cuando el vehículo se desliza sobre firmes de poca adherencia, no se pueden producir acelerones que hagan resbalar las ruedas sobre el firme con el consiguiente peligro de deslizamiento sin control.

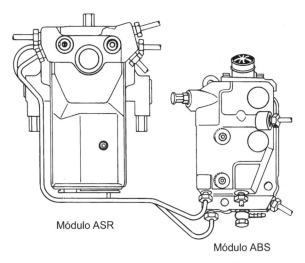

Módulo ASR

Módulo ABS

Figura 1. Unión entre un módulo hidráulico ABS con otro ASR.

SEGURIDAD ACTIVA EN LA TRANSMISIÓN

El mecanismo diferencial es un distribuidor del par motor a las dos ruedas de un eje, que permite al vehículo tomar las curvas sin arrastrar éstas; cuando el vehículo se encuentra con una rueda motriz sobre un firme sólido y la otra sobre un firme inestable, reparte todo el par sobre la rueda situada sobre el firme inestable y ésta empieza a resbalar, mientras que la rueda situada sobre el firme estable se queda quieta sin par motor y el vehículo queda parado.

Para evitar esta situación extrema y las situaciones intermedias, como puede ocurrir al circular por una carretera de montaña con hielo o nieve en la calzada cerca del arcén (situación que puede provocar que el vehículo vaya dando bandazos por la diferente adherencia del firme con cada una de las ruedas motrices), se disponen los diferenciales controlados (figura 2). En éstos un microprocesador controla la diferencia de giro de las ruedas motrices, gracias a los captadores del sistema ABS, y manda presión sobre un embrague de láminas, como los utilizados en algunas motocicletas, que hace solidarios los planetas del diferencial con la corona del mismo, anulando así el mecanismo en mayor o menor grado hasta compensar el exceso de par entregado a la rueda con menor adherencia.

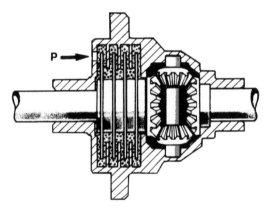

Figura 2. Diferencial controlado mediante un embrague de láminas. P: *entrada de presión.*

Gracias a los diferenciales controlados, los vehículos no se quedan atrapados en los lodazales ni circulan a bandazos por firmes que ofrecen diferente adherencia a las dos ruedas de un mismo eje.

SEGURIDAD ACTIVA EN LOS FRENOS

Los frenos antibloqueo de ruedas son otro de los sistemas de seguridad activa. Este dispositivo impide que el conductor bloquee las ruedas cuando efectúa una frenada enérgica, puesto que con éstas bloqueadas se pierde el control direccional del vehículo y se incrementa el espacio de frenada ya que al arrastrar sobre el asfalto las ruedas bloqueadas se funde la goma de la cubierta y el vehículo resbala sin control sobre una masa viscosa de goma fundida.

El sistema ABS (figura 3) tiene un microprocesador que controla la velocidad de giro de las ruedas mediante unas coronas dentadas solidarias con éstas, cuyos dientes inducen una corriente alterna, de frecuencia proporcional a la velocidad de giro de la rueda, al pasar frente a una bobina fija en el chasis alimentada con una corriente eléctrica por el módulo electrónico de control.

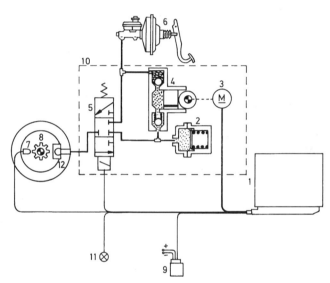

Figura 3. Esquema de un SFA (ABS). 1) Módulo electrónico. 2) Acumulador de presión. 3) Motor eléctrico. 4) Bomba de excéntrica. 5) Válvula de tres vías, tres posiciones. 6) Bomba de freno con servo. 7) Captador de velocidad giro rueda. 8) Rueda fónica. 9) Relé de alimentación. 10) Módulo hidráulico. 11) Lámpara testigo en cuadro de instrumentos. 12) Bombín freno rueda.

Cuando las ruedas tienden a quedarse bloqueadas por la acción de los frenos, el microprocesador del módulo electrónico de control corta el paso del líquido de frenos desde la bomba de frenos hacia los bombines de las ruedas y, si es necesario, los vacía parcialmente para aliviar la presión evitando el bloqueo de la rueda, de manera que la frenada sea lo más corta posible y sin pérdida de la dirección.

SEGURIDAD ACTIVA EN LA SUSPENSIÓN

El sistema de suspensión tiene dos misiones en los vehículos auto-móviles: una de seguridad, cuyo objetivo es mantener constante el contacto de las cuatro ruedas con el suelo o, lo que es lo mismo, evitar que las ruedas sufran aceleraciones verticales mayores que el valor de g (9,81 m/s^2) y otra de comodidad, que consiste en frenar y amortiguar las oscilaciones de la carrocería debidas a las irregularidades del terre-no, para comodidad del conductor y los ocupantes del vehículo.

Los sistemas de suspensión de dureza variable (figura 4) tienen un microprocesador que controla el grado de actuación de los amortigua-dores, adaptando la suspensión al estado del firme de la carretera por donde se circula y a la carga del vehículo; de esta manera, se ofrece en cada situación particular la máxima seguridad conjugada con el confort máximo.

Figura 4. Sistema de suspensión de dureza variable.

En estos sistemas de suspensión, los amortiguadores tienen dispo-sitivos para regular la presión y el caudal de paso, a través del émbolo, de su fluido interno; el control de estos dos parámetros se realiza me-diante una bomba y el correspondiente circuito con válvulas distribui-doras. Un microprocesador, llamado también unidad de mando (UM), supervisa la actuación de todo el conjunto, según las señales que recibe de los periféricos instalados sobre los elementos elásticos de la suspen-sión.

Gracias a las señales generadas por los periféricos, el microproce-sador actúa sobre las válvulas distribuidoras, que modificarán la presión y el llenado de los amortiguadores. De esta manera, el microprocesador determinará en cada momento la *dureza* de la suspensión del vehículo en función de la carga que lleva y del estado del firme por donde circula.

SEGURIDAD ACTIVA EN LA DIRECCIÓN

Los sistemas de dirección asistida por un servomecanismo (figura 5) suelen disponer de una desmultiplicación variable según sea la velocidad del vehículo, de manera que durante las pesadas maniobras de aparcamiento –que se realizan a baja velocidad– la ayuda del servomecanismo es la máxima y, a medida que aumenta la velocidad, la acción del servo se acomoda a las necesidades de la conducción, manteniendo un grado de dureza en el sistema que permita al conductor maniobrar sin esfuerzo pero sin perder el *tacto* de la conducción.

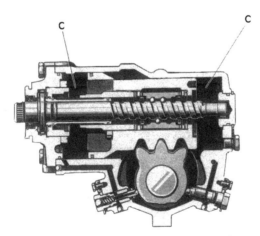

Figura 5. Caja de dirección servoasistida. C: *cámara de presión del servohidráulico.*

Estos sistemas disponen de un microprocesador que modula el servomecanismo, variando su resistencia interna en función de las revoluciones de giro de las ruedas y del ángulo girado en el volante.

21

Capítulo 2

Seguridad pasiva

SEGURIDAD PASIVA EN EL ENTORNO DEL CONDUCTOR

Cuando un vehículo adquiere una determinada velocidad, también ha adquirido una cantidad de energía y es su motor quien se la ha proporcionado. Tal como nos enseñan en física, la energía de un cuerpo en movimiento se denomina energía cinética y su valor equivale a la mitad del producto del cuadrado de la velocidad del móvil por su masa. En este cálculo la magnitud más importante es la velocidad del móvil, puesto que va elevada al cuadrado; en consecuencia, hemos de ser conscientes que la energía que poseen los vehículos que conducimos crece de manera cuadrática al aumentar la velocidad.

Como no podemos contravenir el primer principio de la termodinámica, que enuncia:

"La energía no se crea ni se destruye sólo se transforma",

cuando el vehículo que conducimos choca contra un obstáculo, toda la energía cinética que poseía, debida a su velocidad, se transforma en energía de deformación, consumida en deformar y romper las estructuras metálicas de la parte delantera del automóvil y el obstáculo objeto de colisión.

El conductor y los pasajeros también participan en el reparto de energía, al tomar velocidad, con el vehículo y en el momento de la colisión devuelven la energía desplazándose en el sentido de la marcha, acción que les lleva a tropezar de forma violenta contra las zonas del automóvil situadas enfrente suyo.

Cuando esto sucede, el conductor experimenta cómo su cabeza y su tórax son lanzados contra el volante de dirección y la luna parabrisas, mientras sus rodillas se empotran en la bandeja del salpicadero.

Para paliar el daño que pueda causar este tipo de accidentes, además de la prudencia que cada uno debe desarrollar al volante de un vehículo, los fabricantes han dispuesto una serie de dispositivos, denominados de seguridad pasiva, destinados a proteger al conductor y ocupantes en caso de colisión.

Para proteger las rodillas, se diseñan todos los salientes y bandejas del salpicadero con los cantos redondeados, evitando cualquier arista que pueda convertirse en elemento cortante en caso de colisión; todos estos cantos redondeados se cubren de materiales blandos y acolchados con capacidad de absorber impactos, de manera que las rodillas de quienes ocupan las plazas delanteras disfruten del mayor grado de protección.

Dos medidas se han adoptado para proteger el tórax del conductor y evitar que se empotre en la columna de dirección: las columnas de dirección fraccionadas y los cinturones de seguridad.

COLUMNA DE DIRECCIÓN FRACCIONADA

Dada la importancia que tiene el sistema de dirección (figura 6) en la seguridad de un automóvil, desde sus inicios se le ha dotado de gran robustez. Esta propiedad afecta, en primer lugar, a la columna de dirección, por ser el eje que une el volante que maneja el conductor con el mecanismo de la dirección, denominado caja de la dirección. En esta caja se albergan los engranajes que transforman el giro del volante en desplazamientos del varillaje que hace girar las ruedas e incrementan, gracias a la aplicación de la ley de la palanca, los esfuerzos del conductor sobre las ruedas. Esta robustez, que ofrece seguridad al conductor mientras dirige el vehículo, se convertía en arma letal en caso de colisión.

Cuando por la violencia de una colisión el capó delantero se aplasta, las ruedas delanteras sufren un empujón hacia atrás que se transmite a todo el sistema de dirección y el volante de dirección es empujado hacia la posición del conductor, justo en el momento que éste es desplazado enérgicamente hacia adelante; esta situación ha causado −en el pasado− la muerte a infinidad de conductores, que acabaron con el pecho atravesado por la columna de dirección.

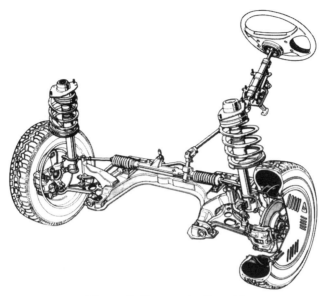

Figura 6. Sistema de dirección.

En los vehículos actuales, en vez del único eje rígido de antaño, las columnas de dirección están formadas por dos mitades que van unidas por la interposición de diferentes tipos de juntas. Sin mermar la rigidez del eje, estas juntas permiten que éste acorte su longitud en caso de choque y el encuentro con el tórax del conductor sea menos violento. De esta manera la fuerza del impacto entre ambos disminuye y se limita la gravedad del accidente.

Existen diferentes sistemas de juntas para árboles de dirección siendo las más usuales: las juntas cardan, la malla deformable y los pernos de rotura (figura 7). La junta cardan es una unión articulada que permite el giro entre ejes que no estén alineados, de manera que el giro del volante se transmite íntegro a la caja de dirección, y gracias a la diferente inclinación entre las dos mitades de la columna de dirección, cuando ésta es sometida a esfuerzos opuestos en sus extremos se pliega por la junta evitando el lanzazo al conductor.

El sistema de malla deformable consiste en disponer la columna de dirección en dos tubos telescópicos que encajan, de forma deslizante, con unas estrías el uno dentro del otro y están unidos por su parte externa con un casquillo de malla metálica soldado a ambos tubos. La resistencia de esta malla es inferior a la fuerza de impacto con el cuerpo

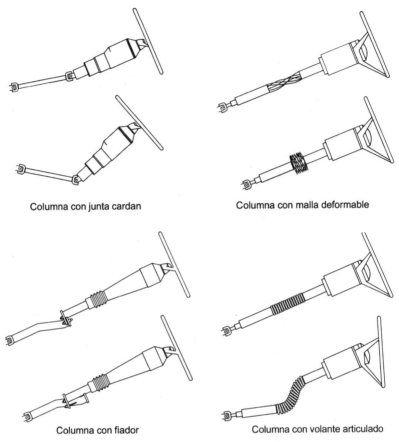

Columna con junta cardan

Columna con malla deformable

Columna con fiador

Columna con volante articulado

Figura 7. Seguridad pasiva en la columna de dirección.

del conductor, de manera que al chocar se pliega la malla permitiendo que los tubos telescópicos deslicen, uno dentro del otro, disminuyendo la longitud de la columna de dirección.

Los pernos de rotura (columna con fiador) son la unión entre dos piezas soldadas a los dos extremos de cada mitad de la columna de dirección. Un golpe seco rompe los pernos y permite el deslizamiento de una semicolumna respecto a la otra gracias a una leve desviación de una de las dos mitades.

La evolución de este sistema ha llevado a algunos constructores a incorporar volantes articulados al eje de la dirección; esta articulación va fijada por un seguro que permite dirigir con firmeza el vehículo y, en caso de accidente, se rompe su seguro de forma que al quedar libre el volante en su articulación, se acopla a la posición del tórax del conductor proporcionando un choque más amortiguado.

CINTURONES DE SEGURIDAD

Para evitar que el conductor y los pasajeros descarguen su energía cinética desplazándose dentro del vehículo hasta colisionar con la carrocería o asientos, los automóviles van dotados de los cinturones de seguridad, que mantienen a todos los ocupantes del automóvil sujetos al respaldo de su asiento.

En 1953 la firma Porsche introdujo en algunos de sus modelos un símil de cinturón de seguridad, pero fue la sueca Volvo en 1959 quien ofreció la opción de unos cinturones de seguridad parecidos a los actuales, pero sin carrete de tensión; los primeros cinturones había que ajustarlos al cuerpo, como se ajustan las correas de las mochilas al cuerpo del excursionista. Invar Bohlin, ingeniero sueco que trabajó en numerosos temas de seguridad pasiva, fue el inventor de los cinturones de seguridad.

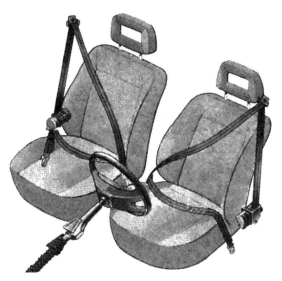

Figura 8. Cinturones de seguridad en los asientos delanteros de un automóvil.

Los cinturones de seguridad (figura 8) están fabricados mediante una tela con la resistencia suficiente para absorber la energía que desplaza a los ocupantes del vehículo, sin romperse ni sufrir deformaciones permanentes, y tienen el ancho suficiente para que, en su acción de retención, no lleguen a producir lesiones serias en el cuerpo de la persona que es retenida en el asiento.

La tela del cinturón está sujeta por sus dos extremos a la carrocería y, gracias a una hebilla deslizante que encaja en un cierre automático, el cinturón se ajusta al cuerpo de la persona. Uno de los puntos de anclaje está situado en un punto del bastidor del coche situado cerca del suelo y el otro extremo, que es retráctil, se encuentra detrás del hombro de la persona, cerca del cabezal del asiento correspondiente y anclado en la carrocería.

Un mecanismo retráctil consistente en un cilindro, solidario a un muelle sobre el que se enrolla la tela del cinturón, va encerrado dentro de un contenedor o caja; gracias a la acción del muelle, siempre queda ajustado el cinturón al tórax de la persona que lo utiliza, ejerciendo una suave presión sobre su cuerpo con independencia de su corpulencia. Cuando no se utiliza el cinturón, el muelle lo mantiene recogido, enrollado sobre el cilindro dentro de su caja.

El cierre automático de la hebilla está fijado al piso pero se eleva, gracias a un cable forrado de plástico, hasta el nivel de la cintura del ocupante y en el lado opuesto, respecto al asiento, donde se sitúan los anclajes del cinturón, de manera que la persona que lo utiliza sentada en su asiento queda sujeta a tres puntos de la carrocería: los dos anclajes del cinturón y el cierre de la hebilla.

El cuerpo del conductor o del pasajero queda sujeto por la cintura mediante el trozo de cinturón que va desde el anclaje inferior hasta la hebilla del cierre; y por el tórax mediante el resto del cinturón desde el cierre de la hebilla hasta el anclaje superior dentro de la caja; este tramo cruza sobre el tórax en bandolera, ofreciendo así una retención eficaz. Es primordial que el cierre de la hebilla funcione correctamente y se pueda desabrochar con una simple presión para evitar quedar atrapados por el cinturón después de un accidente.

La eficacia del cinturón la proporciona un freno de inercia situado a la salida de la caja, que contiene el cinturón enrollado; este freno es sensible a las sacudidas ocasionadas por las fuerzas de inercia y traba el cinturón cuando el ocupante sale disparado hacia adelante, en caso de detención brusca o choque, y le retiene contra el respaldo del asiento impidiendo que se estrelle contra las estructuras del coche que están situadas frente a él.

FRENOS DEL CINTURÓN DE SEGURIDAD

Este tipo de freno de inercia es de ejecución muy simple. Se trata de un cilindro situado en la boca donde sale la tela del cinturón, de la caja, con su superficie lateral ligeramente grafilada, que puede girar sobre su eje guiado dentro de un agujero coliso. La tela del cinturón, al salir por la ranura de la caja, se coloca de manera que abrace el cilindro; así, mientras tiramos con suavidad del cinturón, el cilindro gira sobre su eje dejando pasar la tela; pero cuando tiramos con fuerza del cinturón, la tela tira del cilindro, que se desliza hacia el extremo del coliso y se acerca a la abertura de salida de la caja quedando el cinturón atrapado sin poder salir; de esta manera retiene en el asiento el cuerpo de quien lo utiliza.

En algunos sistemas el cilindro es reemplazado por una bola de acero de 30 o 40 mm de diámetro que, con una disposición idéntica a la del cilindro, también frena de manera eficaz el cinturón cuando se tira de él bruscamente.

El pequeño lapso de tiempo que tarda en actuar el freno de inercia, junto con la flexibilidad de la tela del cinturón, permiten un ligero deslizamiento de la persona que lo usa y, de esta manera, la energía cinética adquirida se transforma en fuerza de rozamiento entre el cuerpo humano y el cinturón. Si el cinturón fuera rígido, se convertiría en un elemento peligroso que se podría clavar en el cuerpo; pero tampoco debemos llevarlo flojo pues el freno de inercia no actúa hasta que se produce el tirón de la persona y el retraso en producirse éste, que supone llevar el cinturón flojo, es suficiente para permitir un movimiento deslizante más amplio haciendo que nuestro cuerpo se desplace y recorra un mayor espacio, por lo que toparemos contra el interior del vehículo.

Excepto en algunos modelos de coches descapotables, el freno de inercia del cinturón de seguridad sólo es eficaz para un sentido de marcha, cuando se produce el choque frontal, pero no están adaptados para responder de manera eficaz cuando es otro vehículo el que choca con la trasera del nuestro; en esta situación la eficacia de los cinturones es poca y no retienen de manera eficaz el cuerpo en el asiento.

TENSORES DEL CINTURÓN DE SEGURIDAD

Con la evolución tecnológica, los sistemas de seguridad han mejorado su fiabilidad al incorporar dispositivos electrónicos de control. Así, por ejemplo, en los cinturones de seguridad se han añadido dos elementos nuevos: un modulador de la presión que el cinturón ejerce sobre la persona que lo lleva ajustado y un tensor que, en caso de accidente, ajusta el cinturón sobre la persona sujetándola al asiento.

En algunos modelos de cinturón se puede regular la presión que ejercen sobre el cuerpo de la persona que sujetan. Un pequeño electroimán se opone al resorte que mantiene enrollado el cinturón dentro de su caja; variando la corriente al electroimán, modificaremos su campo electromagnético y conseguimos variar la fuerza con que actúa el resorte y, en consecuencia, la presión sobre el cuerpo del pasajero.

El tensor (figura 9) consta de una turbina solidaria con el eje del cilindro que enrolla el cinturón y, dispuesto sobre las paletas de esta turbina, un depósito que contiene una pastilla de nitruro sódico y un detonador, o fulminante, como los proyectiles utilizados en las armas de fuego.

Por medio de un decelerómetro se consigue una pequeña corriente eléctrica que provoca la explosión del fulminante y éste, a su vez, la de la pastilla de nitruro sódico; este último componente se comporta como algunos preparados de magnesio, que arden con gran facilidad y desprenden gran cantidad de gases en el proceso de su combustión. Estos gases salen del depósito que contiene el combustible y son dirigidos, a través de un tubo, sobre las aletas de la turbina solidaria al eje del cintu-

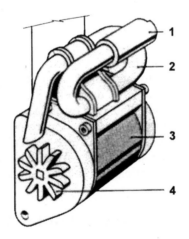

Figura 9. Tensor de cinturón de seguridad. 1) Depósito de combustible. 2) Tubo conductor de gases. 3) Cinturón de seguridad enrollado sobre el tambor. 4) Turbina del eje del cinturón.

30

rón, generando un enérgico tirón del cinturón que impide que la persona que lo lleva ajustado pueda levantarse del asiento durante los segundos que las fuerzas de inercia la empujan, con mayor intensidad, hacia la luna parabrisas.

El elemento clave del dispositivo es un decelerómetro (figura 10) formado por una chapa de acero flexible de forma triangular, que, unida por su base mayor a una barra sensible a la torsión, lleva en su vértice opuesto a la base una masa metálica. Este conjunto se comporta como un péndulo, al sufrir aceleraciones o deceleraciones, de manera que cuando éstas se producen el contrapeso y la chapa oscilan sobre el eje de la barra y la deforman retorciéndola.

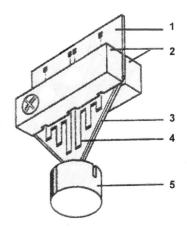

Figura 10. Decelerómetro. 1) Cajetín de conexión. 2) Soporte barra de torsión. 3) Chapa triangular. 4) Resistencias extensométricas. 5) Contrapeso.

Sobre la barra y en parte de la chapa se han acoplado resistencias extensométricas; este tipo de resistencias tienen la peculiaridad que cuando se deforman generan pequeñas corrientes eléctricas que, tratadas como señales eléctricas y debidamente amplificadas, provocan la explosión del fulminante.

El conjunto del decelerómetro, encerrado en una caja que le permite bascular, se monta en un lugar estratégico de la carrocería en una posición lo más cercana posible al centro de gravedad del vehículo, o bien a su misma altura, para conseguir la máxima sensibilidad respecto a las deceleraciones que sufre el vehículo.

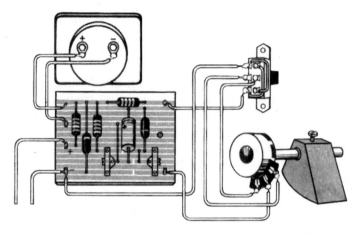

Figura 11. Decelerómetro con potenciómetro y péndulo.

Cuando el decelerómetro es sacudido por las aceleraciones y deceleraciones que sufre el vehículo, su contrapeso actúa como el badajo de una campana y deforma la lámina elástica; esta deformación también la sufren las resistencias extensométricas que, formadas por porcelanas con incorporación de óxidos de circonio, generan pequeñas corrientes eléctricas debido a los desplazamientos entre los cristales de su estructura; estas señales son proporcionales a las deceleraciones que sufre el vehículo.

Un microprocesador filtra las señales que se generan con el funcionamiento normal del vehículo, cuando acelera y cuando frena, de manera que sólo acceden al fulminante, para activarlo, las señales generadas por enormes deceleraciones, como las que se producen en caso de colisión (deceleraciones que pueden llegar a valores superiores a diez veces el valor de la aceleración de la gravedad, que es de 9,81 m/s^2). De esta manera se evitan actuaciones innecesarias del sistema que, si bien resulta de una eficacia excelente, tiene el inconveniente que cada vez que actúa se deben reponer el detonador y la pastilla de combustible sólido; en realidad, todo el depósito.

MANTENIMIENTO DE LOS CINTURONES DE SEGURIDAD

Cualquier defecto, deformación o tara que se aprecie en la tela de los cinturones de seguridad hace que éstos deban ser desechados, pues resultan un menoscabo para la seguridad de los usuarios.

32

Los frenos del cinturón deben actuar frente a cualquier tirón que se produzca cuando se lo está colocando una persona; si al efectuar un tirón brusco para sacar el cinturón de su alojamiento éste no se queda trabado, es que el freno de inercia no va a retener el cinturón en caso de accidente.

No deben utilizarse pinzas que dejen el cinturón holgado sobre el cuerpo del usuario, pues provocan un incremento en el tiempo de actuación del freno del cinturón, que puede significar darse un golpe contra el volante, el salpicadero o la luna parabrisas, con posible fractura de alguna costilla por el tirón contra el cinturón.

En los cinturones con tensor, una vez éste ha actuado, debe reemplazarse todo el conjunto: generador de gas-turbina.

El generador de gas, dada la delicadeza del fulminante, deberá manipularse con sumo cuidado, dejándolo, siempre que no está montado, dentro de su embalaje, evitando dejarlo en el suelo o encima de bancos, asientos, etc.

Al manipular el generador de gas deberemos tener la precaución de que el tubo de salida de los gases no apunte hacia ninguna parte de nuestro cuerpo, o al de cualquier otra persona que esté cerca de nosotros.

Para verificar el módulo electrónico, cada firma suele disponer de su aparato de diagnosis con el cual, además de poder leer los códigos de averías, podemos verificar la tensión de alimentación y la resistencia del fulminante.

ALMOHADILLAS DE AIRE: EL "AIR BAG"

Uno de los sistemas de seguridad pasiva que se está imponiendo en el mundo del automóvil son las almohadillas de aire, en inglés llamadas "air bag".

Este dispositivo complementa con su actuación la acción del cinturón de seguridad y su objetivo es evitar que la cabeza del conductor se estrelle contra la luna parabrisas o el volante de dirección cuando ocurre una colisión.

La almohadilla de aire, o "air bag" (figura 12), es un sistema de seguridad pasiva que interpone entre la cabeza del conductor, o la del acompañante, y la luna parabrisas, el salpicadero o el volante de dirección, según los casos, un obstáculo flexible que acoja la cabeza de la persona y evite el golpe.

El mecanismo del "air bag" es parecido al utilizado en los tensores de los cinturones de seguridad, pero aquí el chorro gaseoso, producto de la combustión de una pastilla de combustible sólido, en vez de ser proyectado sobre los álabes de la turbina del tensor, es dirigido hacia el interior de un globo de tela fina que se infla en unos pocos milisegundos; este globo, que es la almohadilla, en posición normal permanece escondido en un pequeño compartimiento situado dentro del volante, o en la tapa de la guantera, disimulado por otra tapa.

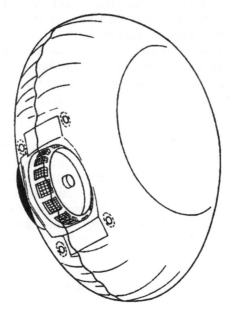

Figura 12. Almohadilla de aire ("air bag").

Un dispositivo electrónico de control idéntico al utilizado en el tensor de los cinturones, recibe una señal del decelerómetro, en caso de colisión, y desencadena el inflado de la almohadilla; ésta se infla mediante el mismo sistema de ignición utilizado para tensar los cinturones de seguridad; en consecuencia, estos componentes, de control e ignición, resultan de uso indistinto tanto para el tensor de cinturones como para las almohadillas de aire.

A pesar de las virtudes que se le atribuyen a las almohadillas, éstas presentan algunos inconvenientes bastante serios, ya que su actuación puede producir lesiones en las personas que los utilizan, que van desde una simple erosión en la cara a causar la muerte.

Si bien hay que reconocer la cantidad de vidas salvadas por la almohadilla de aire y las lesiones severas que han evitado (uno de cada cuatro conductores víctimas de accidentes de circulación han salvado su vida gracias a la almohadilla de aire), también debemos considerar que en Estados Unidos hasta el año 1997 han perecido 50 personas, 30 de ellas niños, por causa del "air bag". Por estos motivos, resulta atractiva la posibilidad de ofrecer al usuario la opción de desactivar el dispositivo, como se está ofreciendo en dicho país, en donde, debido a estos accidentes de circulación con víctimas causadas por la almohadilla de aire, se han realizado minuciosos estudios y se ha llegado a las siguientes conclusiones:

A) Resulta una temeridad conducir o ir montado en un vehículo dotado de almohadillas de aire sin llevar ajustados los cinturones de seguridad, practica habitual en Estados Unidos, ya que no es obligatorio en todos los estados el uso de los cinturones. Porque, en caso de colisión, al faltar la retención del cinturón, se incrementa la fuerza de choque entre la persona y la almohadilla de aire y esta colisión puede ser fatal.

B) Las personas que conducen pegadas al volante, ya sea por mala postura en la conducción o para poder llegar a los pedales, son víctimas potenciales del golpe de "air bag". Se recomienda como medida de seguridad situarse a una distancia horizontal de 25 cm del volante de dirección, cuando se conduce, para evitar los efectos lesivos de la almohadilla de aire.

C) Los niños no deben ir en los asientos delanteros, aunque estén sentados en sillas o cunas de protección; el impacto del "air bag" y el poco peso de su cuerpo pueden resultar fatales a pesar de la protección de la silla o la cuna. También las mujeres embarazadas pueden perder su feto por causa del golpe de la almohadilla de aire. Se ha dado algún caso en Estados Unidos.

Analicemos a continuación cómo funciona la almohadilla de aire, para saber qué ocurre en realidad. El proceso de ignición del combustible sólido que genera el gas que infla la almohadilla, se desarrolla de manera tan rápida y violenta, que resulta una verdadera explosión; no podría ser de otra manera para que la almohadilla se expanda, en veintinueve diezmilésimas de segundo, y se interponga en la trayectoria de colisión de la cabeza del conductor llenando este espacio con su volumen. Como resultado de la acción preventiva, el conductor recibe un fuerte impacto, como una bofetada, en el rostro propinado por la tela de la almohadilla.

Las almohadillas disponen en sus laterales de unos agujeros para que los gases que la han hinchado puedan escapar; así dejan libre la cara del conductor después de abofetearla e impedir que colisionara con la luna parabrisas; según la situación de las manos del conductor sobre el volante, éstas recibirán una ligera quemadura al entrar en contacto con los gases que han hinchado la almohadilla y que escapan de ella, ya que están calientes debido a la combustión.

También la tapa que mantenía oculta la almohadilla, según sea la posición de las manos del conductor en el volante, puede golpear sus brazos.

Resumiendo, en un vehículo con "air bag" (figura 13) en el instante de producirse una colisión, los oídos del conductor sufren una sorpresiva agresión sonora debida al ruido de la explosión, su rostro es abofeteado por la tela de la almohadilla y puede notar en las manos y los brazos un quemazón producto de los gases de inflado y ser golpeado por la tapa de cierre.

Figura 13. Almohadilla de aire desplegada en una simulación de colisión frontal.

36

El choque entre la tela de la almohadilla y la cara del conductor puede ocasionar leves rozaduras faciales o lesiones graves en función del buen uso de los cinturones, la posición del conductor y acompañantes y de la gravedad de la colisión.

Sería deseable que el usuario de vehículos equipados con almohadillas de aire, recibiera información para estar prevenido de lo que supone la entrada en servicio de la almohadilla de aire y los riesgos que de ello puedan derivarse; además de asegurarse del correcto estado de los cinturones de seguridad.

COMPONENTES DEL SISTEMA

El dispositivo de la almohadilla de aire está formado por un módulo electrónico de control, un decelerómetro, un interruptor de seguridad, un acumulador de energía, un conjunto almohadilla/generador de gas y un contacto circular.

Gracias a la compatibilidad entre los sistemas de control e ignición del tensor y de las almohadillas, la tendencia actual es combinar ambos sistemas de manera que la almohadilla sólo actúe conjuntamente con los tensores del cinturón en los choques de elevada intensidad, dejando los accidentes de baja intensidad, por debajo de los 25 km/h, a la única acción protectora de los cinturones con tensor. De esta manera, se evitarán riesgos al conductor y ocupantes a la vez que se obtiene un alivio económico al no tener que reponer cada vez el sistema.

MÓDULO ELECTRÓNICO DE CONTROL

El módulo electrónico de control está integrado por un microprocesador, que controla y dirige todo el sistema, con los circuitos correspondientes para transformar las señales de entrada, de tipo analógicas en señales digitales, y las etapas de potencia a la salida del módulo electrónico, que darán a la señal generada la energía necesaria para obtener el arco eléctrico que inicia la detonación del fulminante en el generador de gas.

Tal como se aprecia en la figura 14, el módulo de control recibe señales del decelerómetro y del interruptor de seguridad; tiene una toma de diagnosis y tres salidas, una para cada almohadilla, la del conductor y la del acompañante y la tercera para la luz piloto testigo de averías.

En un futuro no muy lejano existirá otra señal, la del sensor de los asientos informando de la presencia de personas sentadas y de su peso; de esta manera, se evitará la acción de la almohadilla en caso de colisión con el vehículo vacío.

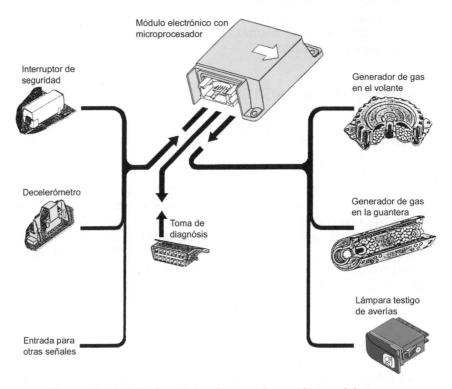

Figura 14. Módulo electrónico de control y periféricos del sistema.

El decelerómetro, como se ha descrito en el apartado "Tensores del cinturón de seguridad, informa de todas las aceleraciones y deceleraciones que sufre el vehículo; está instalado junto con el módulo de mando dentro del puente (figura 15) de la palanca de mando de la caja de cambios, situación que, por su proximidad al centro de gravedad del vehículo, le hace muy sensible a todo tipo de variaciones de velocidad.

38

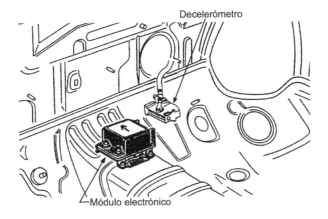

Figura 15. Ubicación del módulo electrónico y del decelerómetro.

INTERRUPTOR DE SEGURIDAD

El interruptor de seguridad garantiza el margen de las aceleraciones capaces de activar el sistema. Está formado por un cilindro metálico con un muelle (figura 16) que lo mantiene en un extremo dentro de un tubo; cuando se produce una colisión, la deceleración que sufre el vehículo lanza al cilindro contra el extremo opuesto del tubo, comprimiendo el muelle de manera que cierra un circuito eléctrico controlado por el módulo de mando; este último recibe una señal conforme la deceleración es de las que deben generar la acción del sistema. De esta mane-

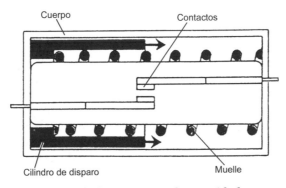

Figura 16. Interruptor de seguridad.

ra se evita la acción del sistema en casos de conducción forzada, frenadas muy enérgicas o subida del vehículo a un bordillo.

ACUMULADOR DE ENERGÍA

Cuando se produce una colisión, puede darse el caso que la batería, por estar situada en el compartimiento delantero, sufra roturas o cualquier daño y quede fuera de servicio en ese instante. En este caso quedaría también fuera de servicio el sistema de las almohadillas de aire. Para evitarlo se disponen unos condensadores en paralelo con la etapa de entrada por la que es alimentado el sistema que, además de ejercer control sobre la tensión que alimenta el módulo electrónico, suministran la energía necesaria para disparar las almohadillas, en el citado caso de rotura de la batería. Estos condensadores se cargan por la acción de chequeo que realiza el módulo de control cada vez que ponemos el motor en marcha.

CONJUNTO ALMOHADILLA/GENERADOR DE GAS

Oculto en el centro del volante o en la tapa de la guantera se encuentra el conjunto almohadilla/generador de gas, que cuando está en el volante tiene forma de plato sopero puesto boca abajo (figura 17) y si está en la guantera es de forma cilíndrica, pero la forma de actuar y la disposición de los elementos es la misma en ambos casos

El generador de gas es un recipiente metálico (figura 18) con numerosas salidas laterales, para dar paso al gas, cubiertas por un filtro metálico que impide la proyección de partículas sólidas contra la tela de la almohadilla; el filtro encierra las pastillas del combustible sólido y en el centro del generador está el fulminante, o detonador, y las conexiones eléctricas para hacerle explotar, como ocurre en las películas cuando se produce la voladura de un puente.

La almohadilla de tejido de poliamida está rodeando al generador de gas, de forma que éste queda en su interior, y está plegada sobre él de manera compacta para ocupar el menor espacio posible. Cuando explota el fulminante se prende fuego al combustible sólido y los gases resultantes de la combustión, nitrógeno en la mayoría de los casos, inflan la almohadilla en 29 milisegundos, saliendo acto seguido por las aberturas laterales de escape y dejando la almohadilla fuera de la cara de la persona.

40

Figura 17. Ubicación de la almohadilla plegada y del generador de gas dentro del volante de dirección.

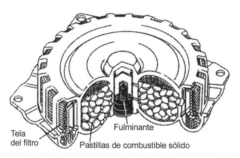

Figura 18. Generador de gas para almohadilla escondida en el volante.

La almohadilla del conductor tiene una capacidad cercana a los 35 litros, mientras que la capacidad de la almohadilla del acompañante está cerca de los 65 litros; esto es debido a la mayor distancia que hay entre el cuerpo del acompañante y la posición de la almohadilla.

Cada vez que se despliega el "air bag" hay que cambiar el conjunto almohadilla/generador de gas, pues la tapa que ocultaba la almohadilla se ha desprendido del conjunto por tres costuras de rotura, de su perímetro, sin posibilidad de volver a cerrarla; asimismo, hay que reponer la pastilla de combustible sólido y la almohadilla queda irrecuperable, lo que significa cambiar los dos conjuntos, además de la unidad de control y el contacto circular cuando es del tipo de muelle espiral, un gasto nada desdeñable.

CONTACTO CIRCULAR

Como el conjunto almohadilla/generador de gas del conductor está situado dentro de la parte superior del volante, gira con él y para poder recibir la corriente que genera el módulo de control como señal de salida, en caso de colisión, debidamente amplificada por la etapa de salida, es necesario disponer de un contacto eléctrico móvil, que permita la conducción eléctrica desde la instalación fija del módulo electrónico de control hasta el conjunto giratorio situado en el volante.

La solución podría ser unas escobillas como las de los anillos rozantes que alimentan la bobina inductora del alternador, pero las soluciones adoptadas buscan una mayor robustez del sistema ocupando el menor espacio posible; por este motivo, son comunes las pistas de grafito (figura 19*a*), colocadas en la parte interna de la columna de dirección, que son recorridas cuando gira el volante por dos contactos en forma de patín que, solidarios al eje de la dirección, forman circuito con el fulminante.

La solución más atrevida (figura 19*b*) es, sin embargo, adoptar un muelle espiral, como la cuerda de los antiguos relojes, construido de material buen conductor, formando sobre la superficie de la espira dos pistas aisladas conectadas al positivo y al negativo del sistema respectivamente, contenido en una caja aislante situada detrás del conjunto generador de gas/almohadilla, cuyos extremos están unidos a los dos terminales de conexión al sistema y al fulminante.

a)   b)

Figura 19. Contactos circulares: a) con pistas de grafito; b) de muelle espiral.

El muelle espiral se mantiene en la posición de descanso, sin torsión, con el volante de dirección orientado en línea recta. Cuando tomamos una curva o al maniobrar, como el fulminante gira con el volante y el resto el sistema está fijo, el muelle se retuerce sin que por ello sean forzados los dos contactos.

EVOLUCIÓN DEL SISTEMA

Para mitigar el peligro que supone en algunas ocasiones el inflado de la almohadilla de aire o "air bag", se están estudiando sistemas electrónicos para controlar su inflado según la deceleración producida en la colisión y el peso de las personas situadas en los asientos delanteros. Además se investiga el tipo de costuras de la almohadilla para buscar desarrollos superficiales que al chocar con la persona lo haga de la manera más suave posible.

Para controlar el tiempo y la forma de inflado se están ensayando llaves de paso para el canal de comunicación entre el contenedor de la pastilla de combustible sólido y la almohadilla.

El microprocesador que controlará el sistema dispondrá, gracias a unos sensores situados en los asientos, de información acerca del peso de las personas que ocupan los asientos, además de las informaciones que recibe habitualmente, como la del decelerómetro.

Con toda esta información y mediante electroimanes regulará la sección de paso de las llaves y, de esta manera, la velocidad de inflado de la almohadilla y así moderará la violencia del impacto.

Con estas nuevas prestaciones que se están desarrollando para las almohadillas, se pretende que la respuesta del sistema se adapte mejor a las condiciones físicas del conductor y demás ocupantes del automóvil, para disminuir el riesgo letal del "air bag" e incluso evitar que se dispare el sistema si la colisión se produce con el vehículo parado y sin ocupantes.

MANTENIMIENTO DEL SISTEMA

Los modernos "air bag" disponen de un sistema de autodiagnosis; cada vez que se pone el motor en marcha, el microprocesador del sistema chequea todos los circuitos y, durante esta operación, la lámpara testigo está parpadeando durante unos segundos. Si no hay fallos se apaga; de lo contrario, permanece encendida y el microprocesador anota todos los fallos en su memoria RAM, para que puedan leerse cuando se revisa el sistema.

Por la toma de diagnosis que posee el sistema, y disponiendo del aparato adecuado, se pueden leer los códigos de averías y, una vez subsanadas éstas, borrarlos. Normalmente las anomalías que detecta son:

- Defecto en el módulo electrónico.
- Excesiva resistencia del fulminante de la almohadilla del lado del conductor.
- Excesiva resistencia del fulminante de la almohadilla del lado del acompañante.
- Cortocircuito de los circuitos de detonación.
- Excesiva tensión de alimentación (> 17,5 V).
- Insuficiente tensión de alimentación (< 8 V).

Normalmente, en los aparatos de diagnosis, estas anomalías vienen indicadas por un código numérico sin especificación del tipo de avería y hay que hallar en el manual de mantenimiento la clave de códigos y las recomendaciones de actuación al respecto.

No es recomendable utilizar un polímetro en la verificación de los circuitos del sistema; podríamos hacer detonar las almohadillas.

Para trabajar en el sistema de almohadillas, hay que tener la precaución de desembornar la masa de la batería.

Al conectar de nuevo la batería, no debe hallarse NADIE dentro del vehículo.

Dada la naturaleza delicada y sensible del fulminante de los generadores de gas, los conjuntos almohadilla/generador de gas deben tratarse con sumo cuidado, no debiendo extraerse de su embalaje hasta el momento en que van a ser montados.

Las verificaciones del sistema deben efectuarse desde el exterior del vehículo y sin que NADIE esté ocupando los asientos delanteros.

Después de la detonación de las almohadillas de un automóvil hay que revisar todo el conjunto y además sustituir:

- El módulo electrónico de control.
- Los dos conjuntos almohadilla/generador de gas.
- El contacto circular de muelle espiral.

Tal como se ha indicado anteriormente, si la inspección detecta daños en el volante de dirección, revestimiento de los conmutadores de la columna de dirección, lámpara testigo de averías, mazo de cables de la almohadilla o en los cinturones de seguridad, también deberán sustituirse.

OTROS ELEMENTOS DE SEGURIDAD PASIVA

Los cinturones de seguridad están diseñados para actuar sobre el cuerpo de una persona adulta y no son adecuados para los niños, tanto por su poca talla como por su poco peso.

Resulta, pues, necesario adoptar las medidas pertinentes para que los niños viajen cómodos y seguros. Ya hemos apuntado con anterioridad que no deben viajar en los asientos delanteros para evitar ser víctimas del "air bag", pero resulta también peligroso que los pequeños viajen en el asiento delantero sobre el regazo del acompañante, pues, en caso de colisión, las fuerzas de inercia los van a convertir en proyectiles que saldrán disparados del coche rompiendo la luna parabrisas.

Por los motivos expuestos, los niños pequeños deberán ir situados en los asientos traseros del coche, acomodados en sillas o cunas (capazos); de esta manera, en caso de colisión, el respaldo de los asientos delanteros les protegen actuando de estructura acolchada y el impacto de sus cuerpos contra estas protecciones siempre resulta menos lesivo que el impacto contra el salpicadero o la luna parabrisas.

SILLAS PARA NIÑOS

Las sillas utilizadas para acomodar a los pequeños de la familia dentro del vehículo deben disponer de su propio sistema de seguridad para sujetar al niño de manera cómoda en el asiento.

Normalmente, los elementos que sujetan al niño suelen ser cinturones que, descendiendo por ambos hombros, forman un peto protector y también se ciñen a la cintura, como los empleados en los vehículos de competición; este tipo de cinturón mantiene al niño sujeto en su posición sentado impidiendo que salte de la silla, empujado por las fuerzas de inercia.

Teóricamente todo este planteamiento funciona de maravilla. En la realidad las cosas no son así de fáciles, pues la mayoría de las veces resulta imposible que los niños se estén quietos, bien sentados en su silla y con el cinturón puesto, sobre todo en viajes largos; por esto debe extremarse la prudencia cuando viajamos con nuestra prole a bordo del automóvil y recordar que el respaldo de los asientos delanteros resulta una buena protección para quienes viajan en los asientos traseros.

Además, la silla debe fijarse al asiento del vehículo, para lo cual debe disponer de un sistema de unión al cinturón de seguridad, de manera que la masa total del infante con su silla sea suficiente para activar el freno de inercia del cinturón de seguridad y éste frene al conjunto silla/niño en caso de deceleración enorme; esto impide que salgan disparados hacia adelante contra los respaldos de los asientos delanteros.

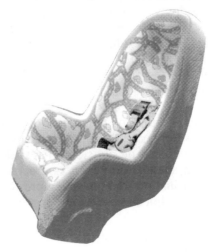

Figura 20. Silla para niños.

En resumen, el cinturón de seguridad del automóvil sujeta la silla y los cinturones propios de la silla retienen al niño.

Además, estos elementos, tanto la silla de seguridad como la cuna, deben presentar sus superficies acolchadas y sin ningún tipo de arista que pueda ocasionar heridas en caso de colisión, vuelco, etc.

CUNAS PARA BEBÉS

A pesar de algunas realizaciones que podemos encontrar en el mercado, que sitúan la cuna al lado del conductor, la presencia del "air bag" desaconseja esta disposición; siempre es preferible, y por las mismas razones de seguridad expuestas antes con las sillas para niños, colocar la cuna sobre los asientos traseros.

Las cunas para bebés para su utilización en vehículos automóviles deben situarse transversales a la marcha del vehículo y deben disponer de una cubierta superior que, sin cerrar toda la superficie de la cuna, pueda retener al bebé dentro de la cuna; también debe disponer del correspondiente anclaje para su sujeción al cinturón de seguridad del asiento trasero, prestando la doble acción de retención que prestan las sillas en caso de choque, tal como se ha descrito antes. Además suelen disponer de un cinturón para fijar el bebé por la cintura dentro del capazo.

Capítulo 3

Elementos de ventilación y calefacción

CONDICIONES AMBIENTALES EN EL INTERIOR DEL AUTOMÓVIL

Un automóvil hermético sería incómodo y peligroso de conducir pues, conforme los ocupantes fueran consumiendo el oxígeno atmosférico con su respiración, la fatiga y un dolor de cabeza se iría adueñando de todos, por respirar aire viciado, hasta llegar a la somnolencia y finalmente la pérdida de la conciencia con el peligro que ello supone tanto para los ocupantes del vehículo como para los demás usuarios de la carretera.

Por este motivo, los vehículos automóviles deben disponer de un sistema que permita la renovación del aire en el interior del vehículo; esto se puede conseguir abriendo las ventanillas de manera que el movimiento de aire que provoca la propia marcha crea corrientes que penetran en el habitáculo renovando el aire de forma constante.

El sistema de viajar con las ventanillas abiertas, si bien resulta sumamente eficaz, tiene sus inconvenientes; en invierno el frío hace mella en el conductor y los ocupantes y conducir en estas condiciones cuando llueve tampoco resulta agradable. Además, con el aire se introducen, dentro del automóvil, los insectos y las partículas que éste lleva en suspensión, polvo, arena, humedad, etc., que pueden causar molestias y situaciones de peligro.

Además, las turbulencias que se crean junto a la ventanilla aumentan la resistencia que el vehículo opone a la marcha; si tenemos presente que estas fuerzas que se oponen al avance del vehículo crecen con el cuadrado de la velocidad, viajar con las ventanillas abiertas tiene una incidencia notable en el consumo de combustible; también, soportar en la cabeza una fuerte corriente de aire durante un tiempo prolongado genera molestias, como jaquecas y aturdimiento.

Por consiguiente, es necesario que los automóviles dispongan de las pertinentes tomas de aire que permitan su renovación en el interior del vehículo. En los modernos vehículos con carrocerías muy aerodinámicas de gran poder de penetración en el aire, se hace necesario disponer de un ventilador capaz de generar una succión del aire externo que, gracias al diseño de la carrocería, resbala sobre ella sin penetrar por las tomas que, situadas normalmente sobre el capó delantero, pretenden introducir aire dentro del compartimiento ocupado por las personas.

Los sistemas de ventilación tienen como objetivo asegurar la renovación del aire en el interior del vehículo para garantizar la comodidad y seguridad del conductor y de los ocupantes. Los sistemas de ventilación están formados por una toma, o entrada de aire, situada en el capó delantero, que en algunos casos puede ser toma dinámica por estar situada en una superficie perpendicular al sentido de la marcha, o sección enfrentada al movimiento del aire.

Si bien las tomas dinámicas usualmente se utilizan para introducir el aire en el sistema de alimentación del motor o para la refrigeración del motor y otros accesorios, no se emplean para ventilar la cabina, pues a altas velocidades el gran caudal de aire absorbido haría subir la presión dentro de la cabina a valores molestos; por esto la toma dinámica de aire sólo se utiliza en algunos vehículos deportivos, combinando la ventilación con los otros usos y disponiendo de un circuito limitador de caudal que puede aportar agradables brisas dentro de la cabina cuando se circula a elevadas velocidades.

Después de la toma de aire en el capó, se dispone de un circuito de canalizaciones que discurre desde debajo de aquél hasta detrás del salpicadero; dicho circuito incluye un distribuidor para dirigir y repartir el aire hacia distintas salidas colocadas en el propio salpicadero (figura 21).

Mediante un juego de palancas, que el conductor tiene al alcance de la mano en el salpicadero, en el distribuidor se mueven unas trampillas situadas en las diferentes canalizaciones del circuito, para que el aire salga por la salida deseada.

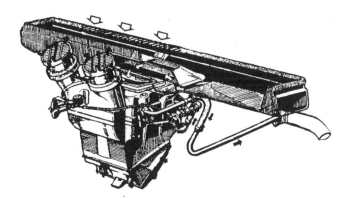

Figura 21. Conducciones de ventilación con electroventilador incorporado.

Normalmente las salidas de aire (figura 22) suelen ser siete, dos de ellas dirigidas directamente a la luna parabrisas para desempañarla cuando sea necesario; cuatro salidas superiores, en el frontal del salpicadero, que se pueden orientar hacia el rostro de los ocupantes de las plazas delanteras, hecho éste poco aconsejable, ya que siempre se debe preferir la ventilación indirecta para evitar posteriores molestias personales; de éstas, dos están centradas en el salpicadero y dos más son laterales. Y, finalmente, otra salida en la parte inferior orientada hacia los pies del conductor y del acompañante.

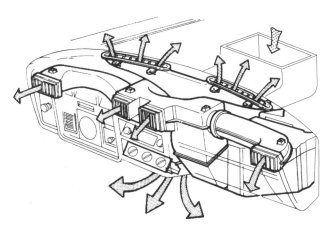

Figura 22. Conductos de ventilación con siete salidas.

Además de dirigir el aire hacia las distintas salidas seleccionadas, desde el distribuidor también se controla el caudal de aire que penetra; una trampilla regula la entrada del aire aspirado. En algunos casos, además, cada salida del salpicadero posee junto con la boquilla orientable, cortinillas que incrementan la precisión en la orientación del chorro de aire y una llave de paso para regular el caudal de salida en cada punto en concreto.

En la actualidad, todos los automóviles disponen de un electroventilador de velocidad variable para asegurar y regular el flujo de aire de ventilación dentro del automóvil, lo que nos permite circular con las ventanillas cerradas, con el consiguiente ahorro de combustible y de molestias.

CALEFACTORES

Para mejorar la comodidad que ofrece el automóvil en invierno, se dispone de un dispositivo que, acoplado al sistema de ventilación, permite aprovechar el calor generado en el motor para calentar el aire de ventilación al introducirlo en el interior del vehículo.

En los primeros "utilitarios" se tomaba aire del compartimiento del motor como sistema de calefacción, de manera que una trampilla del sistema de ventilación situada dentro del capó del motor, cuando se abría, permitía la entrada del aire del capó más o menos caliente hacia la cabina. Esto, además de resultar desagradable por los olores que se mezclaban en el aire, resultaba peligroso por las emanaciones de gases tóxicos que produce el motor y que, de esta forma, eran respirados por las personas situadas dentro del coche.

También en los vehículos cuyo motor va refrigerado por aire se dispone de una entrada de aire que, en su camino hacia el interior del coche, pasa por encima del colector de escape, de manera que el aire aspirado pueda calentarse; en estos vehículos las juntas del colector de escape están cuidadosamente diseñadas para evitar fugas de gases hacia el interior del coche cuando se utiliza la calefacción.

En Estados Unidos, donde el precio de la gasolina no está gravado por tantos impuestos como en Europa, en los vehículos con motores refrigerados por aire se utiliza como sistema de calefacción un quemador de combustible para calentar una de las paredes del circuito por donde circula el aire de ventilación; este sistema tiene la ventaja que puede funcionar a motor parado y su inconveniente es el elevado consumo de combustible.

En la actualidad, y para vehículos con motor refrigerado por líquido, se dispone de un radiador situado en medio de las canalizaciones del sistema de aireación; alimentado con el líquido del sistema de refrigeración del motor tomado de la culata del mismo, que es donde está más caliente, el aire de ventilación al entrar en contacto con el cuerpo del radiador calentado por el líquido de refrigeración toma calor y entra caliente dentro del vehículo; de esta manera, el sistema de ventilación está totalmente aislado de los gases que produce el motor.

De todas maneras, incluso en los vehículos mejor acondicionados debemos ser precavidos en el caso de permanecer mucho rato con el vehículo parado y el motor en marcha, para estar calientes dentro del coche, pues los gases de escape –según sean las condiciones atmosféricas– pueden introducirse por los respiraderos de salida de aire; entre estos gases de escape, además de elementos cancerígenos e irritantes, está el monóxido de carbono, un gas incoloro e inodoro que respirado en elevadas proporciones produce la muerte en cuestión de horas.

COMPONENTES DEL SISTEMA DE VENTILACIÓN Y CALEFACCIÓN

El sistema de calefacción está formado por un radiador que se alimenta del líquido de refrigeración; normalmente, la toma se sitúa a la salida de la culata del motor, de manera que el sistema no entra en acción hasta que se abre el termostato del motor y de esta forma se evita que el motor trabaje en frío durante mucho tiempo al arrancar. Pero no en todos los motores se toma esta precaución y resulta normal encontrar vehículos cuya toma del sistema de calefacción está antes del termostato.

En los motores de combustión interna el trabajo que entrega el motor se obtiene del calor producido por la explosión de la mezcla aire/combustible, que ocurre en el interior de los cilindros; pero no todo el calor se puede aprovechar. Por ejemplo, por razones de funcionamiento, para que el pistón pueda deslizarse suavemente dentro del cilindro es necesario que las paredes de éste estén impregnadas de aceite.

Por este motivo, la temperatura de las paredes del cilindro no debe sobrepasar los 150°C y, con el calor que se genera dentro de los cilindros del motor con las explosiones, sería imposible mantener esta temperatura sin un sistema de refrigeración; este sistema es un circuito de líquido refrigerante, con una bomba que hace circular el mismo por el circuito, un radiador para enfriar el refrigerante y un termostato para limitar el tiempo que el motor trabaja en frío.

La bomba empuja el líquido hacia el bloque motor y la culata donde el líquido se calienta tomando calor de las partes del motor con las que tiene contacto; el líquido sale caliente por la culata hacia el radiador, que situado en la corriente de aire que se genera con la marcha del vehículo, permite al líquido desprender calor al aire atmosférico, una vez enfriado en el radiador vuelve a la bomba que lo impulsa de nuevo por el circuito (figura 23).

El termostato es una llave de paso que controla la salida del refrigerante hacia el radiador para que el motor alcance la temperatura de funcionamiento lo antes posible. Los motores de combustión interna, ya sean de encendido por chispa o por compresión, tienen una temperatura de trabajo que oscila alrededor de los 90°C y sus elementos móviles están ajustados a esta temperatura; por consiguiente, cuando el motor está frío, el bloque está contraído y ejerce una presión extra sobre todos elementos móviles que lleva montados; esta presión desaparece con la dilatación debida a la temperatura de funcionamiento.

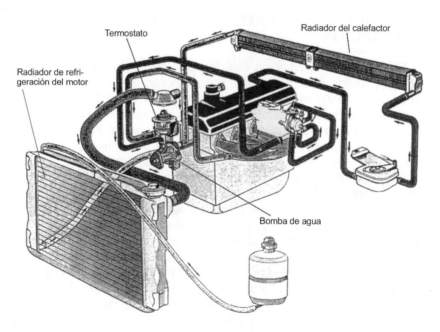

Figura 23. Circuito de refrigeración del motor de un automóvil con sistema de calefacción incorporado.

54

Este es el motivo de que cuando el motor está frío los rozamientos entre las partes móviles sean máximos y, por consiguiente, se produzca el máximo desgaste. Por ello, no podemos permitir que cuando el motor está frío el líquido refrigerante vaya a enfriarse al radiador y es el termostato quien regula su paso hacia el radiador en función de la temperatura del motor.

El radiador del sistema de calefacción podemos considerarlo como un radiador auxiliar del sistema de refrigeración, que cede el calor del motor al aire de ventilación del interior del coche, y por este motivo tiene la toma de líquido caliente en el circuito de refrigeración después del termostato en la mayoría de los casos, para evitar los desgastes excesivos en el motor.

ELECTROVENTILADORES

La toma de aire para ventilación (figura 24) es habitualmente una caja situada debajo de la rejilla practicada en el capó delantero; la citada caja es, a la vez, canalización del aire, soporte de un electroventilador que impulsa el aire exterior hacia dentro del coche y soporte del radiador del calefactor.

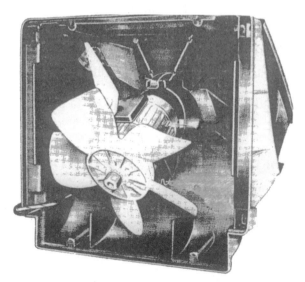

Figura 24. Electroventilador del sistema de aireación en la toma de ventilación.

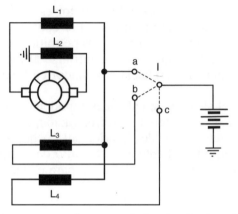

Figura 25. Conexiones en un electroventilador. L₁, L₂, L₃ y L₄ son las bobinas inductoras del motor, I el conmutador selector de velocidades. Al seleccionar las posiciones a, b *y* c, *se van acoplando las bobinas en serie y el motor aumenta su velocidad.*

El electroventilador es un motor de corriente continua alimentado por la batería mediante el correspondiente circuito eléctrico protegido por un fusible y con un interruptor situado al alcance del conductor, quien desde su puesto de conducción puede accionarlo para ponerlo en marcha o pararlo.

En los coches actuales, el interruptor lleva incorporado un reóstato para conseguir una gama variada de velocidades de giro del motor (figura 25) y, de esta manera, poder regular el caudal de aire que entra dentro del coche.

En el extremo del eje que asoma fuera de la carcasa del motor va montado el ventilador que introduce el aire hacia el interior del coche.

RADIADOR DEL SISTEMA DE CALEFACCIÓN

El radiador es un intercambiador de calor agua/aire formado por dos depósitos –el de entrada y el de salida– unidos por una serie de tubos por los que circula el líquido refrigerante del motor y que exteriormente reciben la corriente de aire de ventilación, de forma que cuando el líquido refrigerante está caliente cede calor al aire que entra hacia el interior del coche, calentándolo para conseguir la temperatura deseada por el conductor, dentro del vehículo.

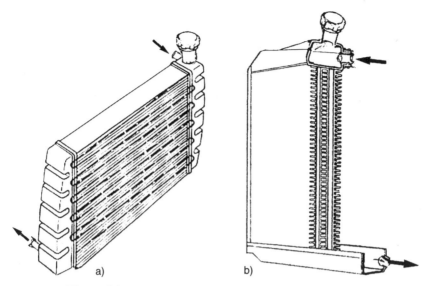

Figura 26. a) Radiador transversal. b) Radiador vertical.

Los radiadores, según la dirección del flujo del líquido en su interior, se clasifican (figura 26) en radiadores de flujo vertical y de flujo transversal.

Cuando el flujo sigue el sentido de la aceleración de la gravedad, y se desplaza desde el depósito superior, o de entrada, hasta el depósito inferior, o de salida, tenemos un radiador de flujo vertical.

En los radiadores de flujo transversal el líquido circula en planos horizontales y los depósitos están situados a derecha e izquierda del radiador, dada la poca altura de los capós en los coches modernos y su forma de cuña, para favorecer la penetración aerodinámica; la mayoría de radiadores utilizados en la calefacción del automóvil son de flujo transversal.

Según su estructura interna, se clasifican en tubulares y de nido de abeja. En su calidad de intercambiador de calor, los radiadores, para ser eficaces, deben ofrecer una buena superficie de contacto entre los elementos que forman parte del radiador y el aire que ahora hace las veces de fluido refrigerante.

El calor, o energía calorífica, se transmite de tres maneras diferentes: por conducción, por radiación y por convección. Cuando dos cuerpos conductores del calor con diferentes temperaturas se ponen en contacto, el calor pasa del cuerpo más caliente al más frío hasta que los dos alcanzan la misma temperatura; a esto se le denomina transmisión del calor por conducción.

Todos los cuerpos calientes emiten calor por radiación incluso en el vacío; por ejemplo, el Sol irradia calor a los planetas del sistema solar.

El aire atmosférico cuando entra en contacto con un cuerpo caliente toma calor de él, se dilata, asciende al perder densidad por su dilatación, hasta que encuentra un cuerpo frío, por ejemplo el techo de la habitación, le cede el calor que había absorbido, se enfría, aumenta su densidad y desciende hacia el suelo; si el cuerpo caliente mantiene su temperatura, dentro de la habitación se crea una corriente de aire siguiendo el ciclo acabado de describir que irá caldeando la habitación; ésta es la transmisión del calor por convección.

En los radiadores el calor se transmite desde el líquido refrigerante a los tubos del radiador por conducción y de los tubos al aire atmosférico por radiación y convección, es por estos motivos que los radiadores en su diseño buscan ofrecer la máxima superficie de contacto con el aire para efectuar una eficaz emisión de calor por convección.

También se ha verificado que las aristas que presentan las superficies son los puntos donde se elimina más calor por radiación. Los radiadores tubulares (figura 27) aprovechan al máximo ambos efectos, de radiación y de convección, por estar formados por el máximo número de tubos que unen los dos depósitos. Estos tubos van recubiertos de chapas que ajustan a la forma del tubo por un agujero central y una vez montadas sobre el tubo ofrecen una gran superficie de contacto para que el aire tome el calor a la vez que forman una infinidad de aristas que permiten disipar calor por radiación.

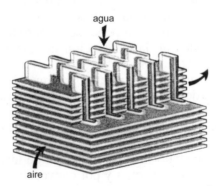

Figura 27. Disposición de tubos y aletas en un radiador tubular.

Los radiadores de panal (figura 28) están formados por un cajón, que une los dos depósitos, atravesado por tubos hexagonales por los que circula el aire que enfría al líquido refrigerante que circula por dentro del cajón. Los tubos hexagonales van soldados a las paredes del cajón y le confieren al radiador un aspecto de panal de abejas. Esta construcción es mecánicamente más robusta que la del radiador tubular, pero menos eficaz en la eliminación del calor por radiación.

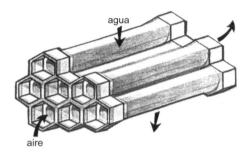

Figura 28. Disposición de tubos en un radiador de panal.

CIRCUITO DE AIREACIÓN

El soporte del electroventilador y del radiador de la calefacción se prolonga por un extremo hasta la boca de entrada acoplada, mediante una moldura de goma que se aplasta contra el capó cuando éste se cierra, a la rejilla de la toma de aire y gracias a dicha moldura se garantiza la entrada del aire externo; por el otro extremo, se prolonga hasta las bocas de salida o bien al distribuidor del salpicadero.

De esta manera, los conductos de aireación con el ventilador y el radiador incorporados forman un conjunto que, situado dentro del capó, va acoplado y sujeto a la pared interna del salpicadero; este conjunto ofrece dos vías de entrada, una de ellas es directa y salva el radiador admitiendo aire frío del exterior y la otra pasa por las aletas del radiador de manera que el aire cuando entra en contacto con el radiador toma calor.

Estas dos vías de entrada que ofrece el sistema de aireación están controladas por sendas trampillas que, mediante unas palancas, pueden regularse desde el interior del coche de manera que, abriendo o cerrando la trampilla de la entrada directa, en invierno, se controla el volumen de aire frío que pasa al interior; asimismo, manipulando la trampilla de la vía del radiador se controla el volumen de aire caliente y, de esta manera, se consigue la temperatura idónea en el interior del vehículo.

EJERCICIOS

1) Calcular la potencia que disipa un sistema de calefacción de un automóvil que utiliza un refrigerante de calor específico 4185 J·kg, si en el radiador del calefactor el refrigerante pierde 10°C de temperatura y la bomba de agua proporciona un caudal de 50 l/min.

Caudal de refrigerante: 50/60 = 0,83 l/s

0,83 l/s = 0,83 kg/s si consideramos que el fluido es agua.

Para calcular la energía cedida por el fluido refrigerante utilizaremos la fórmula:

$$Q = C_e \, m \, (t_1 - t_0)$$

donde Q son julios (J); C_e es el calor específico; m la masa del fluido y $(t_1 - t_0)$ el salto térmico en el radiador.

$$Q = 4185 \times 0,83 \times 10 = 34.735,5 \text{ J/s}$$

$$34.735,5 \text{ J/s} = 34.735,5 \text{ W (vatios)}$$

$$34.735,5 \text{ W} = 34,7355 \text{ kW} = 47,26 \text{ CV}$$

que es la potencia entregada por el combustible al explotar dentro del motor que se ha transformado en calefacción.

2) En un sistema de calefacción se dispone de una corriente de aire de 2 m³/s de caudal; si consideramos el calor específico del aire como 0,265 kcal·m³°C y que el radiador del calefactor disipa 20.000 kcal por hora. Calcular el incremento de temperatura que tomará el aire.

Para resolver este problema deberemos utilizar la fórmula empírica siguiente:

$$\text{caudal} = \frac{Q}{\Delta t \cdot C_e} \cdot \frac{1}{3600} \ \ \text{m}^3\!/\text{s}$$

$$2 = \frac{20.000}{\Delta t \times 0{,}265} \cdot \frac{1}{3600}$$

Despejando el valor del incremento de temperatura:

$$\Delta t = \frac{20.000}{2 \times 0{,}265 \times 3600} \approx 10°C$$

Capítulo 4

Elementos de climatización: el aire acondicionado

INTRODUCCIÓN

Cada vez son más los complementos que incorpora el automóvil, ya sea por motivos de seguridad o de confort. De esta manera, el aire acondicionado se ha convertido en un complemento, que cada vez se ofrece con más frecuencia, como opción en los automóviles y va en aumento el número de vehículos en circulación que lo llevan incorporado. Para iniciar el estudio de este sistema antes deberemos recordar algunos principios de la física y la termodinámica.

CALOR

El calor es un tipo de energía que los cuerpos manifiestan en forma de vibración de sus moléculas y es la forma más degradada en que se puede presentar la energía; esto último es así por dos razones. En primer lugar, resulta imposible aislar el calor perfectamente; por ejemplo, un muelle, si lo comprimimos, almacenará una energía elástica, y lo podemos conservar comprimido dentro de un recipiente, horas, días, años y cuando lo soltemos nos devolverá la energía elástica almacenada durante la compresión, estirándose de nuevo; si bien esto no ocurrirá indefinidamente, pues con el paso de los lustros el muelle envejecerá perdiendo gradualmente su capacidad de almacenar energía elástica. Pero si en el mismo recipiente guardamos un cuerpo caliente, que ha ganado calor, éste se enfriará inmediatamente y no podremos recuperar la energía perdida.

La segunda razón es, como define el segundo principio de la termodinámica, que el calor sólo pasa de los cuerpos calientes a los cuerpos fríos, nunca al revés; así, si ponemos en contacto dos cuerpos, uno caliente, con mucho calor y temperatura, y otro frío, con poco calor y temperatura, se establecerá entre ambos un flujo de calor hasta que ambos lleguen a tener la misma temperatura; si queremos volver a la situación inicial, no podremos sacar calor del cuerpo que antes estaba frío y pasarlo al que antes estaba caliente, puesto que ahora están ambos a la misma temperatura; sólo lo conseguiremos añadiendo calor, calentando uno de ellos, con una fuente de calor externa a los dos cuerpos.

El calor se transmite en función de la temperatura o, mejor dicho, del salto térmico y de la masa de los cuerpos que son objeto del intercambio de energía calorífica; y para calcular el calor que absorbe o cede un cuerpo hay que aplicar la siguiente expresión:

$$Q = C_e \, m \, (t_1 - t_0)$$

donde: C_e es el calor específico de la materia que forma el cuerpo.

m es la masa del cuerpo.

t_1 es la temperatura resultante del intercambio de energía.

t_0 es la temperatura del cuerpo antes de iniciar el intercambio de calor.

Las unidades de Q dependerán de las utilizadas para C_e y m, las cuales deben estar en concordancia.

En el sistema técnico, el calor específico está referido al kilogramo fuerza o peso de la materia considerada y en el sistema internacional o Giorgi se refiere al kilogramo masa.

El calor, por tratarse de una energía, se mide con las mismas unidades que las otras energías; en consecuencia, la unidad de energía calorífica será la unidad del sistema internacional el joule, o julio, que equivale a un newton por metro. Antiguamente cuando se hablaba del "calórico" para referirse al calor se utilizaban la caloría/gramo o la BTU (British Thermal Unit), como unidades de calor, a pesar de ser expresiones del calor específico del agua en el sistema técnico y en el sistema inglés respectivamente.

Si tomamos una resistencia eléctrica y hacemos pasar por ella una corriente de intensidad I durante un tiempo t determinado, hasta alcanzar una temperatura concreta, la resistencia habrá absorbido una energía igual al producto del cuadrado de la intensidad, en amperios, por el valor de la resistencia, en ohmios, y por el tiempo, en segundos, que haya estado circulando la corriente y el resultado serán julios. Esto es conocido como efecto Joule y se expresa con la siguiente ecuación:

$$Q = I^2 R\, t, \text{julios}$$

Si la misma resistencia la sometemos a la llama de un mechero hasta que alcance la misma temperatura obtenida en la experiencia anterior, la resistencia habrá absorbido la misma energía, llegando a idénticas condiciones de temperatura y valor óhmico; en consecuencia, ahora sería absurdo que indicáramos el valor de la energía absorbida con unidades diferentes.

Aunque resulte una complicación tener diferentes tipos de unidades para una misma cosa, en ambientes técnicos relacionados con motores térmicos, calefacción y aire acondicionado siguen utilizándose las unidades del sistema técnico: la caloría (*cal*) y la kilocaloría (*kcal*) y en Gran Bretaña y Estados Unidos se utiliza la BTU. E incluso podemos encontrar tratados que, rizando el rizo, utilizan como unidad la frigoría, equivalente a una caloría, al tratar el tema del frío y las máquinas frigoríficas.

TEMPERATURA

La temperatura es una manifestación del calor. La podemos definir como el indicador del nivel térmico de la materia. La temperatura de los cuerpos es lo que nosotros percibimos a través del sentido del tacto; pero estas percepciones, generalmente, conducen a errores y a malentendidos; por ejemplo, tomemos tres cazos y llenémoslos de agua, uno lo ponemos a calentar unos minutos, en el segundo colocamos unos cubitos de hielo para que se enfríe el agua y el tercero lo dejamos tal como está.

Ahora introduzcamos una mano dentro del cazo con el agua caliente y la otra en el cazo con agua fría; mantengámoslas dentro de los cazos hasta que nos habituemos a las respectivas temperaturas del agua; notaremos que en un cazo el agua está caliente y que en el otro está fría; pero al cabo de unos minutos, si sacamos las manos de los cazos y las introducimos en el que tiene el agua a temperatura ambiente, notaremos con la mano que estaba en el agua caliente que ahora el agua está fría, mientras que con la mano que estaba en el agua fría ahora la notaremos caliente, como si el agua estuviera a dos temperaturas diferentes dentro del mismo cazo, pero la realidad es que ambas manos están en el interior del agua a una sola temperatura: la temperatura ambiente.

Resulta evidente que la apreciación de temperaturas que somos capaces de realizar es bastante subjetiva y que, cuando sufrimos un cambio brusco de temperatura, nuestras observaciones están condicionadas por el ambiente anterior al cambio.

Si bien la temperatura indica el nivel térmico del calor de un cuerpo, está condicionada por la masa del cuerpo, de manera que debemos ser conscientes, al valorar el estado térmico de un cuerpo, de cuál es su masa; por ejemplo, el agua del mar almacena gran cantidad de energía, por insolación, y su temperatura media es de unos pocos grados sobre cero; pero la llama de una cerilla tiene temperaturas de 1000°C y, por el contrario, con una cerilla no podemos ni siquiera calentar un vaso de agua, pues tiene poca energía.

Para medir la temperatura se han tomado tres escalas térmicas basadas en dos puntos: el punto de solidificación del agua y su punto de ebullición; estos puntos determinan un recorrido que se divide en partes iguales denominadas grados y este recorrido lo puede cubrir un cuerpo que se dilata, normalmente es un cuerpo líquido como el alcohol o el mercurio; como los incrementos de longitud de un cuerpo debidos a la dilatación son proporcionales a la temperatura, si disponemos de un cuerpo cuya dilatación sea apreciable a simple vista, tendremos un termómetro.

La forma práctica de un termómetro consiste en encerrar un líquido, que será el cuerpo de dilatación apreciable, dentro de un tubo transparente, construido en un material de poca dilatación, y que lleve grabada una escala de temperaturas.

Debido a las dilataciones del propio tubo de los termómetros éstos resultan poco precisos, incluso aquellos que llevan la escala corregida para evitar el efecto de la dilatación del tubo; cuando se necesita medir una temperatura con precisión, se emplean los termómetros de gas, que consisten en un recipiente construido con materiales de coeficiente de dilatación muy pequeño; estos recipientes contienen un gas que al no poder dilatarse, a pesar de absorber calor, aumenta su presión con la temperatura y, con un manómetro con la escala indicada en grados de temperatura, podemos medir las temperaturas (por ser proporcionales a las variaciones de presión) con mayor precisión, gracias a la gran diferencia entre la dilatación del gas y la dilatación del recipiente que lo contiene.

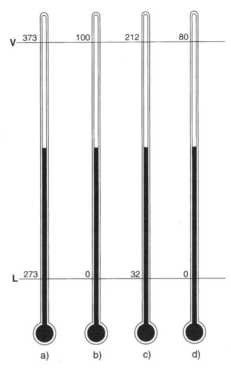

Figura 29. Escalas termométricas. L) Temperatura de fusión del hielo. V) Temperatura de ebullición del agua. a) Escala absoluta o escala Kelvin (K). b) Escala de Celsius o centígrada (°C). c) Escala Fahrenheit (°F). d) Escala Réaumur (°R).

Las escalas de temperatura, basadas en los cambios de estado del agua (figura 29) son tres: la centígrada, la Réaumur y la Fahrenheit; existe otra, la escala absoluta, que se basa en principios termodinámicos.

El físico sueco Anders Celsius creó la escala centígrada, que es la habitual en nuestro país; esta escala da el valor de cero grados (0°C) al punto de solidificación del agua, divide el recorrido en 100 grados y, en consecuencia, la temperatura de evaporación del agua es de 100°C.

El francés René Antoine Ferchault de Réaumur inventó un termómetro con una escala que lleva su nombre (Réaumur) y con un recorrido de 80 grados, donde el valor cero (0°R) se corresponde con el punto de solidificación del agua, y el punto de ebullición del agua es el valor

67

80 (80°R); esta escala, actualmente en desuso, es la versión francesa del concepto de temperatura.

El físico alemán Gabriel Daniel Fahrenheit creó la escala que lleva su nombre (Fahrenheit), que todavía está vigente en Gran Bretaña y Estados Unidos; en esta escala se sitúa el punto de solidificación del agua en 32°F, el recorrido se divide en 180 grados y al punto de ebullición del agua le corresponden 212°F.

Lord Kelvin, en sus investigaciones sobre el frío, creó la escala de temperaturas absolutas; en esta escala el punto de fusión del hielo se corresponde a los 273K (grados Kelvin), divide el recorrido en 100 grados y la temperatura de ebullición del agua corresponde a 373K; en esta escala los grados tienen la misma amplitud que en la centígrada y el cero (0K), que se corresponde con −273°C, se le denomina cero absoluto; es la escala utilizada en los cálculos científicos.

Lord Kelvin postuló utilizar una máquina de Carnot para definir el concepto de temperatura; de esta manera, vinculaba la temperatura con el calor, sin que mediase la dilatación o la presión de una determinada sustancia y los errores que de ello se desprenden. Calculó el calor absorbido y el calor cedido por un fluido durante las transformaciones termodinámicas a que es sometido en una máquina de Carnot (el cilindro de una locomotora de vapor es una máquina de Carnot) y lo relacionó con el recorrido de temperaturas de la escala de Celsius; a partir de estos cálculos efectuados con una hipotética máquina de Carnot, lord Kelvin, determinó la temperatura más baja que se puede llegar a obtener: −273°C; en un material sometido a esta temperatura, sus moléculas carecen de energía y por este motivo se la llama cero absoluto.

Cuando un material conductor de la electricidad es sometido a temperaturas cercanas al cero absoluto, se comporta de maneras extrañas; por ejemplo, desaparece su resistencia eléctrica, fenómeno conocido como superconducción, y los imanes sometidos a estas bajísimas temperaturas levitan si se colocan dentro de un campo magnético.

No es por capricho que todas las escalas hagan referencia al punto de fusión del hielo y el punto de evaporación del agua; ocurre, como explicaremos más adelante, que en ambas circunstancias se produce un cambio de estado; en la primera, el agua pasa del estado sólido al estado líquido y, en la segunda, pasa del estado líquido al estado gaseoso, y mientras dura el cambio de estado la temperatura no varía; en consecuencia, éstos son dos puntos térmicamente bien definidos y por esto se toman como referencias.

CALOR ESPECÍFICO

Es la cantidad de energía calorífica que fluye en una substancia por cada unidad de masa o mol y por cada aumento finito de temperatura, por ejemplo, el incremento en 1°C.

Para ser precisos al tocar este tema deberíamos mencionar que para cada sustancia y cada temperatura existen dos valores de calor específico; que hay un calor específico a volumen constante y otro a presión constante, pero esto último sólo es válido para los gases; en las sustancias sólidas y líquidas, debido a los enormes esfuerzos de dilatación que desarrollan al calentarse, es imposible intentar evitar que aumente su volumen o longitud y no se puede determinar su calor específico a volumen constante; como este libro no pretende ser un manual de termodinámica, nos conformaremos con un valor medio para el calor específico de las sustancias sólidas y líquidas.

Tabla 1.

Sustancia	J/g°C	cal/g°C
Acero	0,496	0,117
Aluminio	0,878	0,210
Alcohol metílico	2,485	0,594
Éter sulfúrico	2,230	0,533
Mercurio	1,381	0,033
Sulfuro de carbono	0,996	0,238
Agua	4,185	1,000

En la tabla 1 se especifican los calores específicos medios de algunas sustancias expresados en unidades del sistema Giorgi y del sistema técnico. Las cantidades indicadas son los julios necesarios para que una unidad de masa de 1 g de la sustancia especificada pase de la temperatura de 15,5°C a 16,5°C.

Tomando otro ejemplo, en el sistema técnico la definición de caloría o del calor específico del agua es: la cantidad de calor necesaria para que la masa de 1 gramo de agua aumente 1 grado centígrado, o la definición de BTU que es el calor necesario para pasar 1 libra de agua de una temperatura de 39°F a 40°F (Fahrenheit).

Para pasar de julios a calorías/gramo hay que multiplicar por 0,24; en el sistema técnico el calor específico del agua vale 1 cal/g, y para pasar de julios a BTU hay que multiplicar por $947,8 \times 10^{-1}$.

Tabla 2. Calores específicos de algunos gases en cal/mol°C.

Sustancia	Calor específico a presión constante C_p	Calor específico a volumen constante C_v	Coeficiente adiabático = C_p/C_v (τ)
Argón	4,97	2,98	1,660
Nitrógeno	6,95	4,95	1,402
Oxígeno	7,03	5,03	1,496
Hidrógeno	6,86	4,88	1,408
Vapor de agua	8,20	6,20	1,320
Amoniaco	8,20	6,65	1,310
Metano	8,50	6,50	1,310

CALOR LATENTE

Si calentamos en un cazo un litro de agua, necesitaremos por cada gramo de masa y por cada grado de temperatura que aumente el agua una energía de 4,185 J, de acuerdo con lo expuesto en el párrafo anterior.

Mientras mantengamos la fuente de calor activa (el fogón encendido), la temperatura del agua irá subiendo hasta que empiece a hervir; a partir de este instante, aunque sigamos aportando calor al agua, la temperatura no aumentará; permanecerá en 100°C.

Lo mismo ocurre cuando se funde el hielo. Mientras se está cambiando de fase, la temperatura permanece constante y el calor que absorbe cada gramo masa de cada sustancia mientras dura el cambio de estado se denomina calor latente.

El calor latente de fusión del hielo es el mismo que el de solidificación del agua y el calor latente de vaporización del agua es el mismo que el de condensación del vapor de agua; en otras palabras, el calor latente en los cambios de estado de una materia es constante, con independencia del sentido en que se realice el cambio de estado. Por ejemplo, solidificación-licuefacción o la inversa, ocurren a una determinada temperatura para cada sustancia y presión; el calor latente es el mismo; lo anterior también es válido al pasar de líquido a vapor o viceversa.

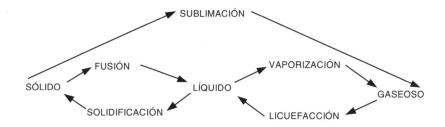

Supongamos que depositamos un trozo de hielo en un cazo y empezamos a calentarlo; en cuanto comience a fundirse, la temperatura del líquido será de 0ºC y se mantendrá así hasta que se haya fundido todo el hielo; a partir del momento que no quede hielo en el cazo, el agua empezará a subir de temperatura hasta llegar a los 100ºC; si en vez de un cazo tenemos una olla a presión, o mejor una caldera, y no cesamos de calentar el recipiente, la temperatura subirá a 100ºC hasta que se haya evaporado toda el agua; a partir de este momento el vapor aumentará de temperatura por haber finalizado el cambio de estado.

La temperatura a que se produce el cambio de estado varía con la presión a que está sometida la transformación, de manera que todo lo explicado hasta el momento referido a los cambios de estado y las escalas de temperaturas se consideran realizados a la presión de una atmósfera.

Es básico comprender que en las máquinas de frío si se aumenta la presión en un líquido también aumenta su temperatura de ebullición y esta temperatura disminuye si también disminuye la presión.

Gracias al cambio de estado, que se realiza a temperatura constante, si se mantiene constante la presión, podemos cocinar sin pasarnos de temperatura y que se nos eche a perder el guiso. Con las ollas a presión, al no dejar escapar el vapor, aumentamos la presión del vapor dentro de la olla, el agua hierve por encima de los 100ºC y los alimentos se cocinan en menos tiempo.

SENSACIÓN DE COMODIDAD

Todo lo que acabamos de exponer sobre el intercambio de calor entre sustancias y/o sistemas con diferentes temperaturas también nos afecta a todos los seres vivos, pues nos desenvolvemos dentro de un medio fluido, el aire atmosférico, que sufre variaciones térmicas de la noche al día y de una estación del año a otra.

El cuerpo humano, para mantener su actividad vital, consume energía que obtiene de los alimentos que ingiere; este consumo de energía se manifiesta, entre otras cosas, en una temperatura corporal que se sitúa alrededor de los 37°C; cuando realizamos un esfuerzo o ejercicio físico, aumenta el consumo de energía de nuestro cuerpo y también su temperatura; cuando esto sucede, el cuerpo, gracias a unas glándulas situadas en la piel, suda y las gotas de agua del sudor, si las condiciones del aire que nos rodea lo permiten, se evaporan; es decir, ocurre un cambio de estado de líquido a vapor, y el calor que necesitan las gotas de sudor para evaporarse lo toman de la superficie de nuestro cuerpo; de esta manera se mantiene la temperatura corporal dentro de los límites tolerables para nuestra salud.

Gracias a las sustancias que se incluyen en cada gota de sudor, como el cloruro sódico, y una ligera depresión generada por la turbulencia del aire en movimiento, se rebaja el punto de evaporación del sudor que roba calor de nuestra piel disminuyendo así la temperatura de nuestro cuerpo. Pero para que la evaporación del sudor se realice al ritmo necesario para enfriar el cuerpo humano, hace falta que el aire ambiente esté seco; si contiene humedad el aire ambiente, admitirá con dificultad el vapor de las gotas de sudor y éstas quedarán sobre nuestra piel provocando una sensación de incomodidad.

Las sustancias contenidas en el sudor, las corrientes de aire y el grado de humedad atmosférica son factores que favorecen la evaporación de las gotas de sudor a temperaturas tan bajas, como ocurre con el agua de los océanos que se evapora para formar nubes, a temperaturas similares, sin necesidad de llegar a hervir a 100°C.

De lo descrito se desprende que nos comportamos, desde una perspectiva termodinámica, considerando el cuerpo humano en conjunto, como fuentes de calor que necesitan de un medio para descargar parte de la energía que producimos; por este motivo, el aire ambiente debe estar más frío que nuestro cuerpo para que podamos desprendernos del calor. Cuando el aire está muy frío nuestro cuerpo cede muy deprisa el calor, llegando incluso, según en qué circunstancias, a ceder más calor del que produce.

Sentimos frío cuando la diferencia de temperaturas entre nuestro cuerpo y el ambiente es mayor de 15°C y el intercambio de calor sucede de manera rápida. Para protegernos del frío nos aislamos del aire con prendas de abrigo y así evitamos que el aire frío entre en contacto directo con nuestro cuerpo y perdamos energía.

Cuando el cuerpo humano entrega, al medio ambiente, más calor del que es capaz de producir, debido a que la diferencia de temperaturas es enorme, puede producirse la congelación del cuerpo o parte de él.

Si el aire ambiente está caliente, nuestro cuerpo tiene dificultad para descargar su energía y decimos que sentimos calor; para temperaturas extremas la solución es la misma que en el caso anterior, como hacen los nómadas del desierto del Sahara que se protegen de las elevadas temperaturas diurnas arropándose con gruesas prendas de abrigo que impiden el contacto directo entre el aire caliente del desierto y la piel, evitando de esta manera la deshidratación y las quemaduras.

Un factor mencionado anteriormente, la humedad del aire, tiene su importancia para determinar la sensación de frío o calor; debemos considerar que, lo mismo que el café admite una cierta cantidad de azúcar disuelto, los gases también admiten una cierta cantidad de partículas de líquido en suspensión hasta llegar a un valor llamado de *saturación*.

Así, el aire admite una cierta cantidad de partículas de agua en suspensión, o humedad atmosférica; cuando la humedad es alta notamos más la sensación de calor o frío porque el agua tiene un calor específico mayor que el aire y cada partícula de agua que logra atravesar nuestra barrera aislante, la ropa de vestir, se lleva mayor cantidad de energía de nuestro cuerpo que la misma cantidad de aire; en consecuencia, aumenta la sensación de frío. Cuando el grado de calor y el grado de humedad es elevado, el aire admite pocas partículas más de agua en suspensión y esto hace que tengamos dificultad en evaporar el sudor y la sensación de calor resulta más molesta.

De lo acabado de exponer se deduce que existen unas condiciones ambientales que podríamos definir como situación de comodidad, que dentro de un automóvil son los sistemas para acondicionar el aire quienes las deben conseguir.

En relación con la acción de conducir, la podemos considerar, por la atención que debe prestar el conductor a las incidencias del tráfico, al trazado de la carretera, a las condiciones del vehículo y los esfuerzos que ha de realizar para circular con su vehículo, como un trabajo intelectual con esfuerzos físicos ligeros, ejecutado en posición sentada; para este tipo de tareas las normas de seguridad e higiene en el trabajo definen las condiciones ambientales, de comodidad, en los siguientes términos:

Temperatura ambiente: de 18 a 24°C.
Grado de humedad: de 40 a 70%.
Velocidad del aire: 0,1 m/s.

Los sistemas de climatización instalados en los vehículos debemos graduarlos para mantener dentro del compartimiento ocupado por las personas estas condiciones ambientales, para disfrutar del automóvil con el máximo de comodidad.

Puede parecer excesivo preocuparse tanto por la comodidad dentro del automóvil, pero este asunto no debe tomarse como capricho de sibaritas; la incomodidad está estrechamente ligada con la fatiga y esta última con los accidentes. Conducir un automóvil con el máximo de comodidad significa aumentar nuestra seguridad, además de alcanzar más descansados nuestros objetivos en los viajes largos.

La temperatura adecuada se obtiene en invierno con el sistema de calefacción y en verano con el sistema de aire acondicionado; para conseguir el grado de humedad idóneo es necesario utilizar a la vez los dos sistemas, por lo que resulta aconsejable llevar ambos siempre en marcha, dando más potencia a uno u otro sistema según la estación del año y la temperatura externa.

El sistema de aire acondicionado enfría el aire que pasa por él y parte de la humedad que contiene se condensa en las aletas del evaporador del sistema, y conseguimos un aire frío seco y limpio pues, con las gotas de humedad, también se quedan en las aletas del evaporador las partículas de polvo que flotan en la atmósfera.

Si este aire, antes de penetrar en el habitáculo, entra en contacto con el calefactor, podremos cambiar la calidad de frío por la de caliente y convertirlo en el agente ideal para desempañar la luna parabrisas en invierno, cuando por estar fría condensa el vaho que proviene de la respiración.

Con un ventilador de varias velocidades se obtiene la corriente de aireación adecuada, normalmente con la segunda velocidad, en los ventiladores que tienen más de dos, es suficiente para conseguir el tenue movimiento del aire que supone una velocidad de 0,1 m/s. La regulación de los otros dos factores es subjetiva y, a falta de instrumentos para verificar sus valores, hay que dejarlo al buen criterio del conductor, puesto que los excesos no resultan aconsejables ya que el salto térmico al descender del vehículo puede resultar una fuente de catarros.

Siempre se deberán evitar los chorros de aire frío directos a la cara o sobre el cuerpo; el aire frío dirigido prolongadamente sobre el rostro puede ocasionar parálisis faciales y molestias musculares si se orienta hacia cualquier otra parte del cuerpo. Por estos motivos, deberemos orientar las salidas de aire evitando que de forma directa incida en nuestro cuerpo.

SISTEMAS DE AIRE ACONDICIONADO

Para enfriar el aire en verano y mantener la comodidad dentro de un coche se necesita una máquina frigorífica. Las máquinas frigoríficas funcionan con el mismo ciclo termodinámico que los motores de explosión; la única salvedad entre una máquina frigorífica y un motor endotérmico, en lo que al ciclo termodinámico se refiere, estriba en el sentido en que se realiza el ciclo; mientras los motores lo hacen siguiendo el sentido horario, las máquinas frigoríficas lo hacen en sentido antihorario.

De manera que el ciclo de Carnot recorrido en sentido horario es el ciclo que se desarrolla dentro del cilindro de una máquina de vapor; realizado en sentido contrario, es el ciclo de una máquina frigorífica tal como se indica en la figura 30, donde se representan las dos opciones.

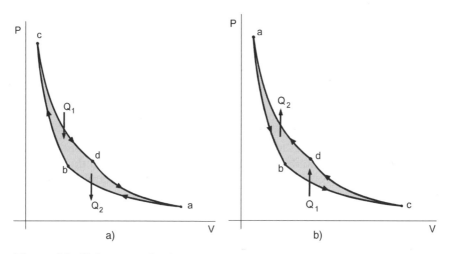

Figura 30. Ciclos termodinámicos. a) Ciclo de Carnot para una máquina de vapor. b) Ciclo de Carnot para una máquina frigorífica.

Si pensamos en el cilindro de una locomotora de vapor, que actúa según un ciclo de Carnot, en la figura 30a el ciclo se inicia con la isoterma b-c, cuando se introduce el vapor dentro del cilindro a temperatura constante T_1; la presión del vapor empuja el émbolo del cilindro generando una carrera de trabajo en una transformación adiabática c-d de expansión; durante la isoterma d-a, el vapor sale del cilindro a temperatura constante T_2 menor que T_1 y, finalmente, se realiza la carrera a-b que, a nivel teórico, sería una compresión adiabática para devolver el vapor a sus condiciones iniciales, de presión y temperatura, para iniciar un segundo ciclo; en realidad, se acaba de vaciar el cilindro de vapor para iniciar el ciclo con una nueva entrada de vapor.

En resumidas cuentas, el cilindro de vapor toma calor de una fuente térmica a una temperatura T_1, realiza un trabajo mecánico en la carrera de trabajo del émbolo y devuelve una cantidad de calor a una temperatura T_2 al medio ambiente.

En la máquina frigorífica el ciclo se inicia con la adiabática de expansión a-b, figura 30b; el fluido activo debido a esta expansión sufre un cambio de estado, de líquido a gas, a temperatura constante, y se produce la transformación isoterma b-c, que absorbe calor y lo hace a expensas del elemento que queremos enfriar; a continuación, se comprime adiabáticamente el fluido, curva c-d, para conseguir un nuevo cambio de estado, de gas a líquido, en la transformación isoterma d-a donde el fluido cede el calor latente del cambio de estado al medio ambiente.

De manera que las máquinas frigoríficas sacan calor de una fuente, el lugar que refrigeramos, a baja temperatura y lo entregan a otra fuente a mayor temperatura, el medio ambiente; esto es posible que ocurra, sin contravenir el segundo principio de la termodinámica, gracias al calor latente de los cambios de estado.

En las máquinas frigoríficas, a diferencia de las máquinas de vapor, se realiza un ciclo cerrado, utilizándose siempre el mismo fluido, mientras que en los motores en cada ciclo se renueva el fluido operante. En las máquinas frigoríficas, para simplificar su funcionamiento, en vez de realizar la expansión adiabática con un émbolo en el interior de un cilindro, se utiliza una válvula difusora que permite el escape del fluido, que estaba comprimido, hacia el evaporador rompiendo el equilibrio que existe en toda transformación; por consiguiente, el ciclo de una máquina frigorífica sería tal como indica la figura 31, en la que no sigue la adiabática teórica de expansión.

EJERCICIOS

Calcular el diámetro de los tubos que constituyen un evaporador si tiene que circular por ellos un caudal de 204 cm^3/s a una velocidad de 1,8 m/s.

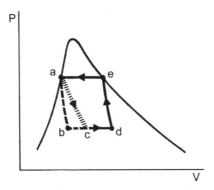

Figura 31. Ciclo termodinámico de una máquina frigorífica dentro de la campana de temperaturas. a-b: Adiabática teórica de expansión. a-c: Transformación real con válvula difusora.

Según el principio de continuidad de la hidrodinámica:

Gasto (G) = Sección (S) × velocidad (v)

1,8 m/s = 180 cm/s

204 = S 180

Sección de los tubos S = 204/180 = 1,1333 cm^2

$$\text{Diámetro } D = \sqrt{\frac{4 \times 1,1333}{3,1416}} = 1,2 \text{ cm} = 12 \text{ mm}$$

Calcular la temperatura que alcanzará un fluido de los utilizados en aire acondicionado si de una presión de 12 kg/cm^2 y una temperatura de 60°C lo dejamos expandir (sin cambio de fase) adiabáticamente a una presión de 1,2 kg/cm^2; los volúmenes ocupados son, en compresión, 50 cm^3 y, en la expansión, 425 cm^3.

Aplicando las leyes de Gay-Lussac que enuncian que el producto presión por volumen partido por la temperatura, expresada en grados Kelvin, se mantiene constante en todos los puntos de un ciclo de Carnot, tendremos:

$$P_1 \, V_1/T_1 = P_2 \, V_2/T_2$$

$$P_1 = 12 \text{ kg/cm}^2 \quad V_1 = 50 \text{ cm}^3 \quad T_1 = 273 + 60 = 333\text{K}$$
$$P_2 = 1{,}2 \text{ kg/cm}^2 \quad V_2 = 425 \text{ cm}^3$$

$$\frac{12 \times 50}{333} = \frac{1{,}2 \times 425}{T_2}$$

$$T_2 = \frac{333 \times 1{,}2 \times 425}{12 \times 50} = 283\text{K}$$

$$283\text{K} = 10°\text{C}$$

COMPONENTES DE UN SISTEMA DE AIRE ACONDICIONADO

De lo que acabamos de exponer, y como indica el esquema de la figura 32, en una máquina frigorífica necesitamos un compresor para comprimir el fluido de manera adiabática e impulsarlo por todo el circuito, un condensador donde el fluido se condense y devuelva energía

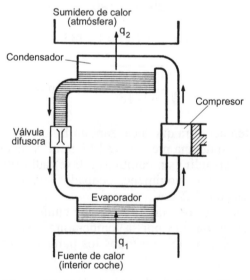

Figura 32. Esquema de máquina frigorífica.

al medio externo, una válvula difusora, con paso capilar, que deje fluir al fluido hacia el evaporador, donde se transformará en vapor absorbiendo calor del lugar que queremos refrigerar; completan el sistema un termostato acoplado a la válvula difusora, para regular el flujo del gas refrigerante y evitar temperaturas muy bajas que provoquen escarcha con la humedad que contiene el líquido y que esta escarcha cierre el paso del capilar, y un filtro colocado entre el condensador y el evaporador que puede servir, además, de depósito de reserva de refrigerante y los conductos, con los codos, racores y juntas, necesarios para cerrar el circuito.

En los sistemas de aire acondicionado utilizados en los automóviles, el evaporador y el condensador son sendos radiadores, o intercambiadores de calor; el primero situado en los conductos de aireación, de manera que el fluido refrigerante, al pasar de líquido a vapor, toma calor del aire que entra en el interior del vehículo; el segundo situado en la corriente de aire que genera el vehículo con la marcha, para desprender al medio ambiente el calor latente necesario para pasar de gas a líquido.

FORMA DE ACTUAR DE UN SISTEMA DE AIRE ACONDICIONADO

El compresor aspira y comprime el fluido refrigerante, que se encuentra en el evaporador en fase gaseosa, a la vez que lo desplaza hacia el condensador; en éste el fluido refrigerante se enfría por la corriente de aire a que está sometido el serpentín del condensador, motivada por el movimiento del vehículo o por un electroventilador; debido a la pérdida de calor y a la presión a que está sometido –de 14 a 18 bar–, el fluido se condensa y cambia a la fase líquida.

Este líquido sigue recibiendo el empuje del compresor y se dirige hacia la válvula difusora, pero antes pasa por un filtro donde se retienen, con el tamiz adecuado, las partículas de impurezas que pueda arrastrar el fluido y también la humedad, al hacerle circular a través de una zona del filtro impregnada de un compuesto químico higroscópico, que absorberá las moléculas de agua que pueda contener el refrigerante; el recipiente del filtro hace las veces de depósito de reserva de fluido y, en algunos casos, tiene un visor para poder observar el paso del fluido, a pesar de que es incoloro y no se ve, pero cuando está alterado o su cantidad es escasa, se aprecian burbujas. Cuando el circuito está bien lleno o totalmente vacío ofrece el mismo aspecto en el visor.

Del filtro va a la válvula difusora, que posee un paso capilar; para no atorar este paso finísimo, el fluido debe estar libre de impurezas y sin humedad que pueda helarse obstruyéndolo; la válvula difusora entrega el fluido dentro del evaporador a través de la salida capilar.

El paso del diminuto diámetro del capilar, unas micras, al diámetro enorme, más de un centímetro, del tubo del serpentín del evaporador, genera una expansión adiabática (como la carrera de explosión de un motor de cuatro tiempos) y el fluido cambia de fase líquida a fase gaseosa con vapor; este punto es el inicio del ciclo termodinámico del sistema. Para cambiar de fase, el fluido tiene que absorber calor y lo toma de las paredes tubulares con aletas del evaporador en una nueva transformación, ahora isoterma, a temperatura constante.

El evaporador, situado en el conducto de aireación del interior del coche, al enfriarse por efecto del cambio de estado del fluido refrigerante, toma calor del aire que penetra dentro del habitáculo, impulsado por un electroventilador, el cual pierde temperatura, y humedad por condensación (figura 33).

El fluido refrigerante ahora en fase gaseosa y a baja presión, 5 bar aproximadamente, es aspirado por el compresor para ser comprimido adiabáticamente de nuevo e iniciar el ciclo otra vez después de haberse

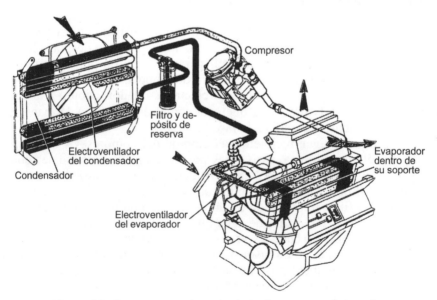

Figura 33. Componentes de un sistema de aire acondicionado.

licuado en una transformación isoterma que se produce dentro del condensador.

El sistema se completa con diferentes elementos de control que garantizan su seguridad y correcta actuación; estos componentes, que describiremos más adelante, según sea el control del sistema –manual o electrónico–, actúan de forma directa o mandan señales al microprocesador que gobierna el sistema.

COMPRESORES PARA SISTEMAS DE AIRE ACONDICIONADO

Así como en los motores el fluido operante, los gases de la explosión, entrega un trabajo útil que es aprovechado para mover herramientas, propulsar vehículos, etc., aquí es el compresor quien entrega un trabajo al fluido operante al comprimirlo adiabáticamente.

Existen varios tipos de compresores utilizados en los sistemas de aire acondicionado y cada fabricante se inclina por uno u otro tipo; por lo general, los constructores europeos tienen preferencia por compresores policilíndricos y rotativos, mientras que en Estados Unidos además utilizan los compresores de cigüeñal y émbolo alternativo y los de paletas.

Los compresores reciben el movimiento desde el cigüeñal mediante dos poleas unidas por una correa que también mueve otros elementos del motor; la polea que va montada en el eje del compresor dispone de un embrague electromagnético (figura 34).

El embrague está formado por un disco solidario al eje del compresor mediante una chaveta, que tiene el perímetro exterior formado por una superficie de fricción cónica que encaja en un anillo también cónico de la polea, que gira loca sobre un rodamiento; un anillo elástico cónico también, o un muelle, mantiene separados el disco del embrague y la polea; una bobina circular, situada lo más cerca posible de aquélla, genera, cuando está bajo tensión, un campo magnético que comprimiendo el elemento elástico hace solidario el disco del embrague conductor con el cono interno de la polea y, de esta manera, el movimiento del cigüeñal se transmite al compresor.

Con un interruptor situado en el tablero de instrumentos, el conductor cierra el circuito de alimentación de las bobinas de la polea del compresor cada vez que desea utilizar el aire acondicionado. También el control interno del sistema tiene su propio interruptor del circuito de alimentación de las bobinas del compresor, para dejarlo fuera de servi-

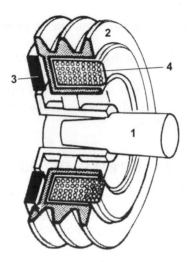

Figura 34. Polea de compresor con embrague electromagnético. 1) Eje del compresor clavado al disco del embrague. 2) Polea arrastrada por una correa desde el cigüeñal. 3) Disco del embrague. 4) Bobina inductora del embrague.

cio cuando hay posibilidad de que se forme escarcha en la válvula difusora del circuito de refrigeración por estar sometida a una temperatura demasiado baja.

COMPRESORES DE CIGÜEÑAL Y ÉMBOLO ALTERNATIVO

Este tipo de compresores son como el motor de combustión interna del vehículo; dentro de un bloque de camisas deslizan los pistones acoplados por un conjunto bulón-biela al cigüeñal, que recibe movimiento del cigüeñal del motor térmico mediante una correa acanalada, en la mayoría de los casos.

Estos compresores suelen disponer de dos pistones para conseguir que el valor de la presión del fluido refrigerante sufra pocas variaciones; funciona como un motor de dos tiempos con las lumbreras tapadas por válvulas de láminas o de bola, de manera que en la culata cada cilindro lleva montadas dos válvulas que están normalmente cerradas y se abren por la presión de dentro del cilindro y según el sentido en que se ejerce dicha presión, como se aprecia en la figura 35.

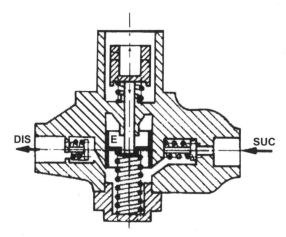

Figura 35. Detalle de un compresor alternativo. Cuando desciende el émbolo "E" en su carrera alternativa (como se muestra), ejerce una presión dentro de la camisa que cierra la válvula clapé "SUC" y abre la válvula "DIS", comprimiendo el fluido hacia el condensador. En la carrera ascendente se cierra la válvula "DIS" y se abre la válvula "SUC", llenándose la camisa del compresor de fluido.

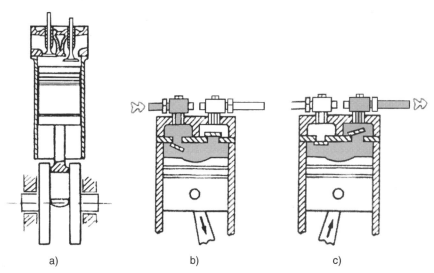

a)   b)   c)

Figura 36. Compresores alternativos con cigüeñal. a) Sección de un compresor alternativo. b) Tiempo de admisión en un compresor alternativo. c) Tiempo de compresión en un compresor alternativo.

83

Cuando el pistón efectúa la carrera descendente, desde el PMS al PMI, el vacío que se crea en el cilindro abre la válvula de entrada a la vez que asegura a la válvula de salida en su asiento y el fluido refrigerante llena el cilindro. En la siguiente carrera del pistón, el fluido es empujado contra la culata del compresor, abriendo la válvula de salida a la vez que refuerza la presión de cierre de la válvula de entrada; una vez concluida esta carrera, empieza un nuevo ciclo (figura 36).

COMPRESORES ROTATIVOS POLICILÍNDRICOS

Este tipo de compresores se asemejan a las bombas de aceite de algunos motores franceses utilizados en vehículos con suspensión hidroneumática.

Consisten en un disco que, montado sobre el árbol motor del compresor (figura 37), gira solidario con él, pero no es perpendicular a su eje sino que presenta una cierta inclinación; en el disco van acoplados de forma articulada los émbolos que, al desplazarse dentro de las camisas de los cilindros mecanizadas dentro del cuerpo del compresor, comprimen el fluido refrigerante.

La proyección sobre el eje del radio del disco inclinado que mueve los émbolos, es su carrera; efectivamente, al girar el disco, debido a su inclinación, va desplazando los émbolos dentro de las camisas. En estos compresores los émbolos funcionan como motores de dos tiempos, pues las camisas tienen una lumbrera de carga cerca del PMI del émbolo y en el PMS una lumbrera de salida con una válvula antirretorno que mantiene la presión en el circuito de refrigerante. También los hay de doble efecto al disponer en el cuerpo del compresor de una camisa a cada lado del disco.

Algunas realizaciones para este tipo de compresores llevan incorporadas bolas de acero encajadas en los émbolos en las zonas de contacto con el disco inclinado, para disminuir el rozamiento entre ambos y aumentar el rendimiento del compresor a la vez que se incrementa su vida útil.

Estos compresores son de tamaño reducido y suministran caudales elevados; además, la presión tiene muy pocas fluctuaciones, por el hecho de disponer de cinco o seis cilindros, o bien de diez o doce si son de doble efecto, que están dispuestos de manera que mientras unos admiten fluido refrigerante otros están extrayéndolo a presión al circuito.

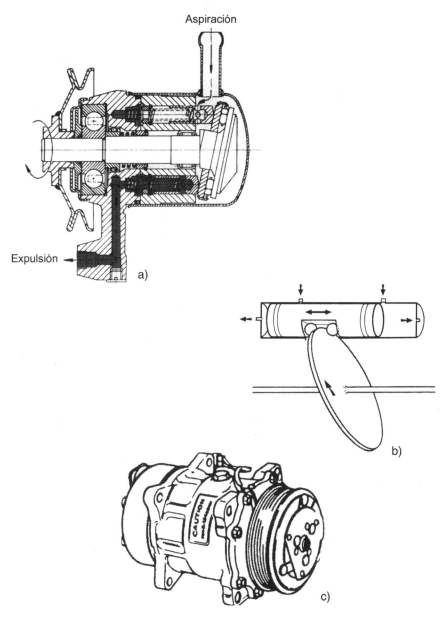

Aspiración

Expulsión

a)

b)

c)

Figura 37. Compresores policilíndricos. a) Compresores de cinco émbolos de simple efecto. b) Esquema de un compresor policilíndrico con émbolos de doble efecto. c) Aspecto externo de un compresor policilíndrico.

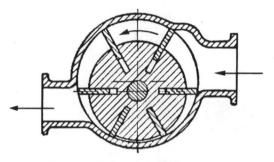

Figura 38. Compresor de paletas.

COMPRESORES DE PALETAS

Este tipo de compresores recuerdan la bomba de transferencia en las bombas de inyección rotativas de los motores Diesel; constan de un rotor descentrado respecto al cuerpo del compresor, en el que van montadas cuatro o seis paletas que, gracias a un muelle, mantienen el contacto con la pared del cuerpo del compresor a pesar de la excentricidad del rotor; dos válvulas antirretorno controlan la entrada y salida del compresor (figura 38).

Estos compresores son los más simples mecánicamente y proporcionan un caudal muy continuo con pocas alteraciones en la presión.

Todos los compresores van sujetos al bloque motor y el cigüeñal los arrastra mediante una correa acanalada; poseen una toma de entrada o de aspiración (SUC) y otra de salida o de impulsión (DIS), convenientemente señaladas para evitar errores en su montaje al sistema y con la rosca adecuada al correspondiente racor para conectarlos al circuito.

En el cárter del compresor se dispone del aceite de engrase para garantizar un funcionamiento suave y estanco, sin gripajes ni pérdidas de estanqueidad. El aceite utilizado debe ser compatible con el tipo de refrigerante que se usa ya que suelen mezclarse y el refrigerante disuelve en parte el aceite, en su seno, y lo arrastra por todo el circuito.

CONDENSADOR

Dentro del capó (figura 39*a*), situado detrás de la calandra del coche, y gracias a la corriente de aire que lo atraviesa enfriándolo, el fluido refrigerante sufre –dentro del condensador– un cambio de estado, de gas a líquido, en una transformación isoterma.

El condensador del sistema de refrigeración no es más que un radiador, situado en el frontal del vehículo dentro del capó delantero, con un electroventilador controlado por un presostato o una resistencia CTN, que se pone en marcha cuando la corriente de aire debida a la marcha del vehículo no es suficiente para que dentro de los tubos exista la pérdida de calor suficiente y se produzca la condensación del líquido refrigerante.

Figura 39. Radiadores utilizados como: a) condensador; b) evaporador.

El fluido refrigerante a la salida del compresor está comprimido a una presión comprendida entre los 10 y 20 kg/cm^2; es todavía un gas, con una temperatura entre 80 y 100ºC, al que se obliga a pasar por los tubos del condensador expuestos a una corriente de aire. Esto hace que el refrigerante se enfríe, cediendo calor al medio ambiente a través de las aletas de los tubos del condensador; esta pérdida de calor y la presión a que está sometido generan un cambio de estado, pasando el refrigerante de gas a líquido en un proceso de condensación.

El líquido condensado es empujado por la presión del gas hacia el filtro y después llega a la válvula difusora, para entrar en el evaporador, donde se expande absorbiendo calor del medio ambiente y de aquí vuelve en forma de gas al compresor.

VÁLVULA DIFUSORA O DE EXPANSIÓN

Es en este punto donde se inicia el ciclo de la máquina frigorífica; esta válvula es un paso angosto del circuito que retiene el fluido, lo que genera la presión en el circuito, y lo deja escapar dentro del evaporador, por un agujero cuyo diámetro no supera el de un cabello humano, ocurriendo una expansión adiabática parecida a la que se produce dentro de los cilindros del motor del coche después de la explosión del combustible. En algunos sistemas la válvula de expansión es un agujero cónico con una aguja que ajusta en él hasta taparlo; gracias a la acción de una válvula de membrana la aguja se desplaza respecto del agujero cónico dejando mayor o menor sección de paso al fluido del sistema, en función del salto de presión que se desee obtener entre condensador y evaporador.

La válvula difusora está situada junto al evaporador y es el paso de entrada y salida (figura 40) del fluido refrigerante. Formada por un cuerpo metálico, tiene dos pasos uno superior de diámetro capilar, conectado a la entrada del serpentín del evaporador, y otro paso inferior, conectado a la salida del serpentín del evaporador, con el mismo diámetro de paso que el tubo del serpentín.

Esta válvula es la pared de interfase del fluido en el circuito; el fluido es líquido y está a presión hasta el paso capilar de la válvula, al tener que fluir por un paso tan estrecho y encontrarse luego con el paso ancho del serpentín del evaporador, sufre una expansión que inicia el cambio de estado a vapor, tomando calor de las tuberías del evaporador

Figura 40. Válvula difusora.

y del cuerpo de la propia válvula, que en su cara externa está en contacto con el fluido líquido a presión elevada y por su cara interna está en contacto con el fluido gaseoso a baja presión.

En muchos sistemas esta válvula lleva incorporados dos racores, con una válvula de cierre cada uno y la correspondiente rosca para conectar el sistema al equipo de carga y descarga del fluido; uno de los racores está en el conducto de alta presión antes del paso capilar y el otro está a la salida del serpentín en el circuito de baja presión.

EVAPORADOR

En las tuberías del serpentín del evaporador concluye el cambio de fase iniciado en la expansión adiabática que se produce a la salida de la válvula difusora; el fluido acaba de convertirse en gas en una transformación isoterma.

El evaporador es un radiador (figura 39*b*) que, situado en la corriente de aire que penetra dentro del coche impulsada por un electroventilador para airear el interior, tiene la entrada conectada a la válvula difusora de manera que un fino chorro de fluido en estado líquido va penetrando hacia los tubos del radiador de evaporación; la salida está conectada a la toma de aspiración del compresor, de manera que en el interior del evaporador la presión tiene unos valores alrededor de 0,5 kg/cm^2.

El refrigerante que está líquido y a 15 kg/cm^2 dentro de la válvula difusora, al tener que salir de ella por un paso estrecho crea un efecto Venturi y la propia salida del refrigerante de la válvula ya provoca una caída de presión que se suma a la aspiración del compresor, para llegar a valores tan bajos que permiten la evaporación del refrigerante, el cual toma la energía, correspondiente al calor de vaporización, del aire que entra dentro del coche rozando las aletas de los tubos del radiador evaporador. Al ceder calor, el aire de entrada, se enfría y también pierde parte de la humedad atmosférica que contenía; ésta se condensa en las aletas del serpentín del evaporador y, por gravedad y a través de una canalización, se vierte al suelo.

EL FILTRO

La humedad y las partículas en suspensión pueden causar problemas en el sistema de aire acondicionado; la humedad por solidificarse en la válvula difusora y las partículas por rayar las camisas del compresor o los retenes de los émbolos.

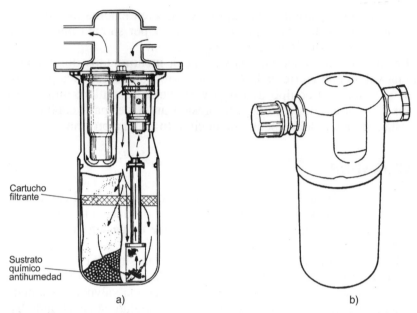

Cartucho filtrante

Sustrato químico antihumedad

a)

b)

Figura 41. Filtro para fluido refrigerante. a) Sección de un filtro. b) Aspecto exterior.

Por estos motivos se dispone en el sistema, a la salida del compresor, de un filtro (figura 41) de cartucho de papel para retener las partículas del fluido, con un deshumidificador químico para retener la humedad. El recipiente del filtro, además, hace las veces de depósito para el fluido refrigerante.

COMPONENTES DE SEGURIDAD DEL SISTEMA

Para que el sistema funcione de forma regular y sin averías, son necesarios unos cuantos elementos de control.

La válvula difusora sufre también pérdidas de calor, con la expansión del fluido, que pueden provocar su atorado si el fluido refrigerante contiene humedad y ésta se congela dentro del capilar; también existe el peligro de congelación de la humedad en las aletas del evaporador que le harían perder capacidad para enfriar el aire, por lo que se dispone de una válvula con termostato que desembraga el compresor cuando la temperatura del evaporador se acerca a los 0°C.

El compresor no debe trabajar ni con exceso de presión ni en vacío; los esfuerzos debidos a presiones altas pueden dañar a los retenes de estanqueidad de los émbolos del compresor echándolos a perder; también el vacío puede tener los mismos efectos sobre los retenes, pero además, como el aceite lubricante va disuelto en el fluido, si éste no está presente pueden griparse los cilindros del compresor.

Por estos motivos el compresor debe trabajar con el fluido en fase gaseosa, ya que en fase líquida ofrece mayor resistencia; ya se ha expuesto la estrecha relación entre la presión de un fluido y sus cambios de estado; en consecuencia, los circuitos de aire acondicionado necesitan tres presostatos o válvulas, que reaccionan a las variaciones de presión gracias a una membrana encerrada dentro de la cámara de la válvula y que divide a la cámara en dos partes estancas una respecto a la otra.

Una de las partes está en contacto con la zona del circuito cuya presión se desea controlar y la otra está en contacto con la presión atmosférica; de esta manera, la membrana se deforma según sea la diferencia de presión entre sus dos caras; esta deformación puede medirse, por ejemplo, con un vástago que, solidario con la membrana, sea el núcleo de una bobina, que al desplazarse hará variar el campo magnético y, consecuentemente, la resistencia aparente de la bobina.

Se necesitan tres presostatos. El primero para controlar la presión máxima que puede soportar el compresor, que se sitúa entre 25 y 30 bar según el tipo y marca del compresor. Cada vez que se alcanza esta gama de presiones, el presostato desembraga la polea del compresor; la medida de la presión se realiza entre el compresor y el condensador con el fluido en fase gaseosa, aunque hay sistemas que la miden entre el condensador y la válvula difusora cuando el fluido está en fase líquida.

El segundo para controlar la presión mínima en el circuito cifrada entre 3 y 5 bar, según la configuración del circuito; cuando se alcanza la presión mínima, la válvula con presostato desembraga la polea del compresor para que éste deje de funcionar como en el caso anterior. La toma del segundo presostato se sitúa a la salida del evaporador o a la entrada del compresor.

El tercer presostato controla la presión media o presión de trabajo cifrada entre 14 y 18 bar y da corriente al electroventilador del condensador para que con su corriente de aire enfríe el fluido, éste se condense y la presión en el circuito se mantenga dentro de los valores de trabajo.

Algunas instalaciones reúnen los tres presostatos en un elemento único denominado presostato de tres niveles.

Además, en el condensador suele disponerse de una válvula limitadora de presión tarada a una sobrepresión de seguridad determinada; en caso de que se sobrepase su valor de tarado, se abre y suelta fluido a la atmósfera.

Los motores endotérmicos utilizados en los vehículos automóviles actuales no entregan potencia al ralentí; en consecuencia, la puesta en marcha del compresor, con la demanda de potencia que ello supone, podría calar el motor. Para evitar este tipo de incidencia se dispone de un circuito de vacío, aprovechando el que se genera alrededor de la mariposa de gases cuando está parcialmente cerrada (motor al ralentí) o con la bomba de vacío que llevan los motores Diesel para el servicio del servofreno.

Este circuito lo forman una cámara de vacío y una válvula de membrana (figura 49); cuando el motor está al ralentí, el vacío, del colector de admisión o de la bomba de vacío, llega al compartimiento inferior de la membrana de la válvula y se comunica a ambos lados por el paso que está abierto cuando se pone en marcha el compresor; el presostato da corriente a la bobina del embrague electromagnético y a la bobina del relé, que cierra el canal de comunicación y ahora el vacío aumenta en el compartimiento inferior de la membrana y el muelle la deforma desplazando el vástago que mueve el tope del ralentí, el motor sube de revoluciones y entrega la potencia necesaria para arrastrar el compresor.

En los motores con inyección electrónica, la unidad de mando (UM) del sistema de aire acondicionado genera una señal que, en vez de mandarla hacia la válvula correspondiente, la dirige directamente al módulo de mando del sistema de inyección y éste corrige el régimen de ralentí según las condiciones en que se encuentre el motor para que el sistema de aire acondicionado pueda absorber la potencia que necesita para mover el compresor.

SISTEMAS AUTOMÁTICOS DE AIRE ACONDICIONADO

En todos los sistemas de aire acondicionado, como se ha explicado con anterioridad, hay unos componentes de seguridad que actúan de manera automática sobre el embrague de la polea del compresor o sobre el electroventilador del condensador, cuando las presiones o las temperaturas en el circuito del fluido o en el evaporador llegan a niveles críticos. Con estos mismos componentes y otros que se describen a continuación se han llegado a desarrollar sistemas totalmente automáticos.

Algunos automóviles disponen de control automático de la climatización. En estos vehículos se incorpora un microprocesador que controla el sistema; las válvulas termostáticas se sustituyen por resistencias CTN, y hay una sonda de control de la temperatura del aire que entra en el habitáculo para informar al microprocesador y otra externa situada normalmente con el espejo retrovisor que es testigo de la temperatura del medio ambiente.

En los sistemas de control automático, además, se amplía el circuito de vacío para controlar el régimen de ralentí añadiéndole una cámara de vacío, que incrementa el volumen de aire aspirado por la bomba de vacío aumentando de esta manera su efecto, cápsulas de membrana, que abren y cierran las trampillas de los conductos de aire, para que éste pase en mayor o menor cantidad por el radiador del calefactor o por el evaporador, y válvulas de control para las cápsulas manométricas (figura 42).

En un sistema totalmente automático también se debe controlar el calor en invierno. Se añade una electroválvula que, mandada por el microprocesador del sistema, controla la entrada de agua caliente al cale-

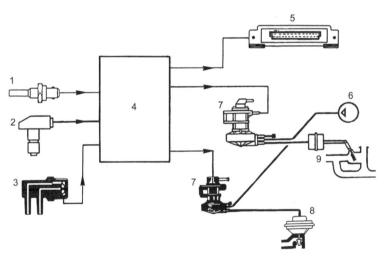

Figura 42. Esquema de un sistema de aire acondicionado con control automático. 1) Sensor de temperatura con resistencias CTN. 2) Presostato de alta. 3) Presostato de baja. 4) Módulo electrónico de control con microprocesador. 5) Toma de diagnóstico. 6) Bomba de vacío. 7) Válvula de mando de tres vías, dos posiciones. 8) Válvula de membrana para accionar un interruptor eléctrico. 9) Válvula de membrana que acciona una trampilla.

factor y el módulo electrónico también toma el mando de las velocidades del electroventilador, que lleva el aire hacia el conductor y los pasajeros.

Los termostatos pueden ser los elementos que accionan y controlan, en función de la temperatura que soportan, las diferentes partes del circuito de la máquina frigorífica y las trampillas que regulan la entrada de aire desviándolo hacia el radiador del calefactor o el evaporador del aire acondicionado.

En el circuito de vacío, que utilizan los sistemas automáticos, encontraremos dos tipos de válvulas: las válvulas denominadas cápsulas manométricas que actúan en función de una diferencia de presión y las válvulas de control que hacen actuar a las válvulas manométricas según las señales que reciben del microprocesador del sistema.

Según sean las condiciones de temperatura y humedad del aire de entrada así como la temperatura que programa el conductor, el microprocesador manda señales a la bobina de la válvula de control para que ésta ponga en comunicación la membrana de la cápsula manométrica con el vacío o con la presión atmosférica y, en consecuencia, la cápsula dará una respuesta u otra.

En este tipo de vehículo, el conductor sólo tiene que seleccionar la temperatura interior que desea y el resto lo hace el microprocesador.

EL TERMOSTATO

En algunos sistemas de aire acondicionado se utilizan como elementos de acción o de control válvulas basadas en el mismo principio de acción que el termostato del motor.

El termostato es una válvula automática, normalmente cerrada, que funciona por impulsos térmicos. Existen dos tipos de termostatos: de cartucho de cera y de gas. Como puede apreciarse en la figura 43 el termostato de cartucho de cera está formado por la válvula 1 y su asiento 2 que forma parte de su estructura. En la posición de reposo la válvula cierra sobre el asiento y, para que esto tenga alguna efectividad, hay que instalar el dispositivo en medio de la corriente del fluido cuyo caudal queremos controlar, de manera que cierre el paso cuando la válvula está fría.

La válvula lleva un vástago, ligeramente cónico, que se introduce dentro del cartucho de cera que está sujeto a la armadura del termostato en el interior de un contenedor expansible y buen conductor del calor. Cuando el fluido cuyo caudal queremos controlar aumenta de tempe-

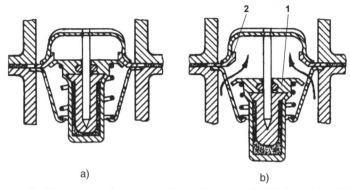

a)   b)

Figura 43. Termostato de cera. a) Posición cerrado. b) Posición abierto.

ratura calienta la cera, ésta aumenta de volumen (se dilata) y expulsa hacia fuera el vástago unido a la válvula y, en consecuencia, ésta se abre dejando pasar un caudal de fluido proporcional a su temperatura. Un muelle empuja la válvula contra su asiento de manera que cuando se enfría la cera y se contrae el muelle, introduce de nuevo el vástago dentro del cartucho de cera.

El termostato de gas sustituye el cartucho de cera por un fuelle metálico, que en posición de reposo está contraído; este fuelle va lleno de un líquido cuya temperatura de evaporación sea baja, como por ejemplo el éter, y está sujeto a la estructura del termostato (figura 44) al igual que el cartucho de cera, mientras que la válvula va sujeta por un vástago a la superficie superior del fuelle.

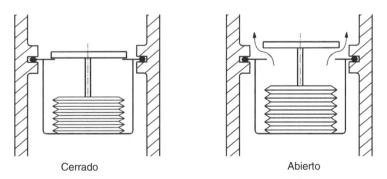

Cerrado   Abierto

Figura 44. Termostato de gas con fuelle metálico.

Cuando el fluido a controlar se calienta, el éter que contiene el fuelle se evapora y empieza a ejercer presión contra sus paredes hasta que éste se estira y levanta la válvula de su asiento, para que pase el fluido cuyo caudal queremos controlar; también hay un muelle antagonista para devolver la válvula a su posición de reposo, cerrando el paso del fluido cuando éste está frío.

En algunos sistemas de aire acondicionado sin control electrónico son los termostatos los que realizan el control del sistema, para evitar que una temperatura muy baja en el evaporador produzca escarcha y tapone la válvula difusora, lo cual, además de dejar el sistema fuera de servicio, podría acarrear daños en las juntas y válvulas del compresor.

Los termostatos, o válvulas con control por termostato, utilizados en los sistemas de aire acondicionado son del tipo de gas, puesto que estos termostatos resulta fácil hacerlos actuar sólo con la válvula dentro del circuito y con el fuelle fuera de la corriente de fluido; el objeto de esta disposición del termostato es que funcione no según la temperatura del fluido en el lugar donde está situada la válvula, sino de la temperatura que tiene un punto determinado del circuito alejado del lugar donde se necesita la acción de la válvula.

Para conseguir una acción eficaz en los termostatos de gas (figura 45), el fuelle se prolonga en un pequeño depósito que, a modo de sonda,

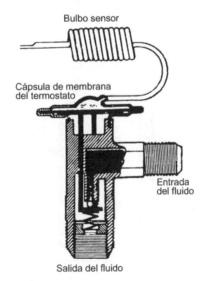

Figura 45. Termostato de gas con control remoto.

se coloca en el punto del circuito, en contacto con el fluido operante, cuya temperatura deseamos que controle el termostato; el depósito-sonda se comunica con el fuelle del termostato mediante un tubo y está lleno del mismo líquido de manera que, cuando sube la temperatura en el depósito sonda, el líquido se evapora, se dilata y va a llenar el fuelle; la entrada del vapor, además de aumentar la presión dentro del fuelle, ayuda a evaporar parte del líquido allí contenido y, de esta manera, se abre la válvula en función de la temperatura del punto del circuito que se desee.

Si el vástago que va unido al fuelle en vez de soldarlo a una válvula lo unimos a un interruptor eléctrico (figura 46), tendremos un termostato-relé, que abrirá y cerrará un circuito eléctrico según sea la temperatura del fluido refrigerante en un punto determinado del circuito.

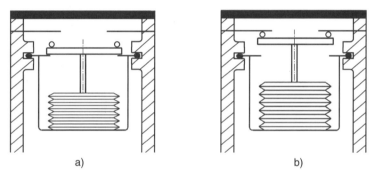

a)   b)

Figura 46. Termostato de gas con relé eléctrico. a) Termostato frío y contactos abiertos. b) Termostato caliente y contactos cerrados.

De esta manera, el termostato-relé se convierte en el componente que desactiva el embrague electromagnético de la polea del compresor y lo mantiene fuera de servicio, siempre que las temperaturas de la zona de la válvula difusora entran dentro del campo de peligro de escarcha.

CÁPSULAS MANOMÉTRICAS

Las cápsulas manométricas son dispositivos que trasforman una diferencia de presiones en un movimiento lineal.

Este tipo de válvulas (figura 47) constan de una cápsula dividida en dos compartimientos estancos, uno respecto del otro, por una membrana elástica. Un compartimiento está abierto al exterior de manera que la presión atmosférica actúa sobre una cara de la membrana y la presión del colector de admisión, o el vacío de una bomba de vacío, actúa sobre la otra cara de la membrana.

Con esta disposición, las variaciones de presión del colector de admisión provocan una deformación en la membrana, pues en su otra cara está actuando la presión atmosférica, y esta deformación es proporcional a la diferencia de presiones entre las dos caras de la membrana.

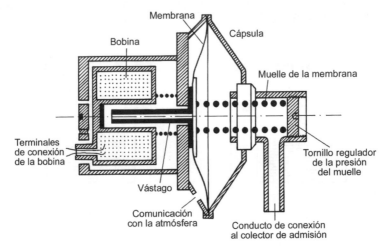

Figura 47. Cápsula manométrica.

Esta membrana en su centro lleva sujeto un eje, el cual, guiado por el cuerpo de la cápsula, se desplaza hacia dentro o hacia fuera del devanado de una bobina, como en la figura 47, o bien moviendo la palanca: de una trampilla de paso de aire, de una válvula de paso, del tope del ralentí del motor, etc., de manera que este movimiento abre o cierra un componente del sistema. Un muelle situado en el interior de la cápsula, que se apoya por un extremo en la membrana y por otro en el cuerpo de la cápsula, mantiene a la cápsula manométrica en posición de reposo, normalmente abierta o normalmente cerrada según sea el compartimiento que contiene el muelle o la posición de la cápsula.

98

En los vehículos que no disponen de bomba de vacío, como la presión en el colector de admisión no se mantiene siempre por debajo de la presión atmosférica, se dispone entre la toma del colector y la cápsula de membrana un depósito que hace de acumulador de vacío y, de esta manera, se asegura el correcto funcionamiento del sistema en cualquier circunstancia.

PRESOSTATOS

Existe una variante de estas cápsulas que se utilizan como presostatos electrónicos; en los presostatos se convierten las variaciones de presión en señales eléctricas, para lo cual se dispone de un cristal piezoeléctrico (figura 48) colocado dentro de una cápsula. Como en el caso de la cápsula manométrica, de membrana, el cristal la divide en dos compartimientos, uno comunicado con el aire y el otro comunicado con el recinto cuya presión se desea controlar.

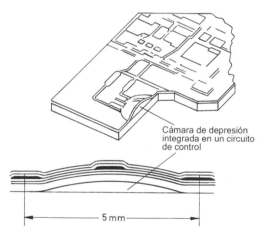

Cámara de depresión
integrada en un circuito
de control

5 mm

Figura 48. Detalle de un presostato de cerámica.

Este cristal piezoeléctrico es un material de propiedades parecidas al cuarzo, utilizado en algunos encendedores de fumador, que genera una chispa eléctrica cuando se ejerce una presión capaz de producir una dislocación en la red cristalina, de un dado de cuarzo, sobre dos caras opuestas de un macrocristal de cuarzo.

En la práctica, los cristales para presostatos son más sofisticados que los utilizados en encendedores. Los materiales que entran en su constitución son porcelanas con importantes contenidos de titanato zirconato de plomo; su forma suele ser abovedada para crear los dos compartimientos de la cápsula e incorporan resistencias en su estructura.

Este tipo de porcelanas pueden generar una pequeña diferencia de potencial eléctrico proporcional a la minúscula deformación que origina la diferencia de presiones a que están sometidas las superficies interna y externa de la bóveda dentro de la cápsula. Esta diferencia de potencial es una señal eléctrica que permite al módulo electrónico determinar la magnitud de la diferencia de presión a que está sometido el cristal.

Los presostatos cuantifican la presión de un recinto y, en función de este dato, el microprocesador del módulo de control puede determinar la actuación de una válvula de control u otro componente eléctrico del sistema.

VÁLVULA DE CONTROL

Es una válvula neumática, distribuidora, de tres vías, siendo una bobina el pilotaje eléctrico de la válvula (figura 49); su función es controlar la presión en la cámara superior de la válvula de membrana (manométrica), comunicándola con una toma de vacío o con la atmósfera.

La válvula tiene tres vías conectadas de la siguiente manera: una vía V_1, protegida con un filtro, toma el aire atmosférico; la segunda V_2 va unida con la válvula de membrana y la tercera V_3 conecta con la toma de vacío.

La conexión entre el colector de admisión o la bomba de vacío y la toma de la válvula se realiza con un tubo que lleva incorporada una cámara de vacío para aumentar el volumen de aire aspirado y conseguir un mayor efecto de vacío al poder aplicarse a mayor número de cápsulas.

En esta válvula de pilotaje eléctrico su solenoide (1) recibe las señales del módulo electrónico para actuar o variar de posición conectando la cápsula manométrica al vacío o a la atmósfera; de este modo, según sea la posición de la válvula de control la válvula manométrica tendrá unas veces la membrana sometida a una diferencia de presión (la atmósfera por un lado y el vacío por el otro) y otras habrá la misma presión; esto moverá la membrana comprimiendo el muelle y, en consecuencia, abriendo o cerrando trampillas, desplazando el tope del ralentí, etc.

100

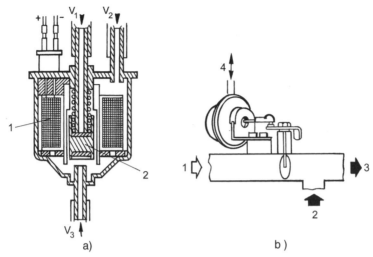

Figura 49. Válvulas de control y de cápsula manométrica. a) Válvula de tres vías, dos posiciones. Cuando el microprocesador manda señal a la bobina (1), se comunican las vías V_2 y V_3, mientras V_1 queda cerrada. Cuando la bobina no está excitada, el émbolo (2), por la fuerza del muelle, cierra V_3 y quedan comunicadas V_1 y V_2. V_3 es la toma de vacío, mientras que V_1 y V_2 se conectan una a la atmósfera y la otra a una válvula con cápsula manométrica. b) Válvula con cápsula manométrica de membrana que acciona la trampilla según sea el vacío en su cápsula, que recibe por la toma (4). Según sea la posición de la trampilla, el aire entrará sólo por (2) o por (1) y (2) a la vez.

El módulo electrónico del sistema puede determinar una posición permanente de cada válvula de control mientras se producen unas determinadas condiciones ambientales dentro del coche, o puede desencadenar acciones intermitentes según sean las informaciones que reciba de los sensores de presión y temperatura del sistema.

FLUIDOS REFRIGERANTES

El fluido refrigerante que se usa actualmente es el R-134a un compuesto orgánico de flúor y etano, el tetrafluoretano ($CF-CH_2F$), que se encuentra en el mercado bajo las siglas comerciales: H-FKW 134a, SUVA 134a o ARCTON 134a. Este fluido, por su escasa incidencia en la destrucción de la capa de ozono y escasa participación en el efecto invernadero, está desplazando al originario R-12.

El R-12 es diclorodifluormetano, denominado también por la marca comercial Freón 12; este fluido refrigerante cuando se libera en la atmósfera, y por la acción de sus átomos de cloro, forma moléculas de fluorocarbonados, que son unos de los agentes causantes de la destrucción de la capa de ozono en la estratosfera.

El fluido R-134a es incoloro e inodoro tanto en su fase líquida como en su fase gaseosa; dentro del circuito frigorífico puede presentar un color lechoso debido al aceite que lleva en disolución, efecto que puede apreciarse en los sistemas dotados de visor.

No se debe almacenar en sótanos ni descargarse cerca de fosos; por ser más pasado que el aire puede acumularse en los lugares situados debajo del nivel del suelo, llegando a producir asfixia si su concentración es elevada ya que, dada su calidad de inodoro, no nos percatamos de su presencia cuando descendemos a un foso o sótano.

El fluido R-134a no es tóxico a temperatura ambiente, pero si supera los 101°C se convierte en un gas tóxico, por este motivo el fluido refrigerante debe mantenerse lejos de las llamas y de las fuentes de calor, ya sea al manipularlo o para almacenarlo; por este motivo, en caso de tener que pasar el vehículo por el horno de secado de pinturas se debe vaciar el circuito del aire acondicionado.

Al intervenir, por razones de mantenimiento, en la parte del circuito de aire acondicionado de alta presión, se abrirá con gran prudencia y utilizando los equipos adecuados; cualquier fuga del fluido refrigerante por rotura del circuito, o abertura descontrolada del mismo, se puede convertir en una improvisada válvula difusora y nuestro cuerpo resultar el intercambiador de calor que facilite la evaporación del fluido.

Si esto llega a suceder, el contacto del fluido a presión con nuestro cuerpo y su posterior evaporación, tomando calor de nuestro cuerpo, puede ser causa de congelación de la piel, mucosas o los ojos, lesiones que pueden revestir cierta gravedad; por este motivo, deben utilizarse las protecciones adecuadas como guantes y gafas, además de los correspondientes equipos de vaciado y recarga de fluido.

En caso de accidente y de que el fluido entre en contacto con los ojos, éstos se deben lavar con abundante agua durante quince minutos y acudir al oculista, de inmediato, aunque no se tengan molestias.

El R-134a es disolvente frente a algunos plásticos; por consiguiente, debe tenerse la precaución en las reparaciones de utilizar retenes y juntas originales diseñados para soportar las agresiones químicas del fluido. En el caso de cambiar el antiguo R-12 por el nuevo R-134a deberemos cambiar todos los retenes, juntas y manguitos por unos que sean resistentes al nuevo fluido. Además, por la diferencia en sus características termodinámicas resulta aconsejable cambiar el evaporador, por lo que resulta aconsejable cambiar de fluido y de equipo.

MANTENIMIENTO DEL SISTEMA

Existen una serie de precauciones, sencillas de observar, que deben adoptarse por parte del usuario, de forma habitual en períodos de 30 o 45 días. Éstas son comprobar que estén limpias las aletas del condensador, eliminando las hojas de plantas, los insectos y la suciedad que se incrustan entre las aletas tapando el paso del aire y disminuyendo la superficie de contacto entre el aire y el serpentín del condensador; en estas condiciones de suciedad el compresor debe trabajar más para conseguir el correcto funcionamiento del sistema.

Cuando el sistema funciona, el evaporador se enfría y la humedad del ambiente se condensa sobre sus aletas; una bandeja recoge las gotas de agua producto de la condensación y las deja escurrir hasta el suelo. Por motivos de salud, deberemos velar para que este desagüe esté limpio evitando la retención del agua que puede convertirse, junto con el polvo, en caldo de cultivo de malos olores y de virus.

La correa que mueve el compresor debe estar bien tensada y en correcto estado de conservación; hay que procurar su sustitución al primer síntoma de desgaste importante, antes de que se nos rompa y nos quedemos sin servicio de aire acondicionado y, en según qué casos, sin otros servicios, si la correa además mueve otros elementos, como pueden ser el alternador o la bomba de agua del motor.

Cuando el condensador está situado detrás del radiador del sistema de refrigeración del motor, debe extremarse el control del circuito de refrigeración del motor, ya que el condensador supone una carga térmica para el radiador y cualquier pequeña anomalía que en otros motores supondría una pequeña avería a largo plazo, aquí se nos puede convertir en un problema importante de manera súbita.

En los compresores existen dos condiciones indispensables para su buen funcionamiento: la estanqueidad y la lubricación.

Es necesario que el fluido refrigerante no pueda salir del circuito y que los elementos de presión del compresor no tengan fugas para conseguir las presiones de trabajo; para lo cual es necesario que los retenes y juntas del compresor estén en perfecto estado, y para evitar que los retenes de caucho de los émbolos del compresor se resequen cuando no se utiliza el aire acondicionado y resulten dañados al poner de nuevo en marcha el sistema, se recomienda utilizar el aire acondicionado una vez al mes aunque sea en riguroso invierno, compensando la caída de temperatura con el calefactor si es necesario; de esta manera, los retenes se mantienen lubricados y no se resecan.

El aceite de lubricación en los sistemas de aire acondicionado se mezcla de forma inevitable con el fluido refrigerante y recorre con él todo el circuito; por este motivo no sirve cualquier tipo de aceite para lubricar el compresor, debe ser un aceite soluble en el refrigerante para que pueda ser transportado por el circuito sin formar depósitos y a la vez realice su función lubricante. Por este motivo, cada líquido refrigerante es compatible sólo con una gama de aceites determinados.

El cárter de aceite de los compresores es el propio circuito del sistema y el aceite de engrase y sellado de los cilindros se incorpora con la carga del fluido refrigerante; se recomienda el uso de aceites minerales para aquellos circuitos que usan el refrigerante R-12. Para los compresores que trabajan con el fluido R-134a se recomienda utilizar de lubricante aceites sintéticos.

Deberemos tener presente en cualquier intervención en el sistema de refrigeración que, si debemos reponer fluido refrigerante, también deberemos reponer la parte correspondiente de aceite lubricante.

Estos aceites son de muy bajo contenido en azufre y bunas para evitar corrosiones y atascos en los componentes del circuito, del aire acondicionado; tienen un elevado grado de refinado para evitar cualquier tipo de impurezas o partículas en suspensión y además están exentos de humedad.

Por esta última condición, deben manipularse con mucha precaución para evitar, dentro de lo posible, que entren en contacto con la atmósfera y, de esta manera, no se oxiden ni tomen humedad.

Por último, deberemos verificar que la bobina del embrague de la polea del compresor tenga la resistencia indicada por el fabricante y que el embrague cónico de la polea funcione de manera correcta. En caso contrario deberemos sustituir la bobina, o asegurar sus conexiones al circuito eléctrico y sustituir el muelle o anillo elástico en caso que estén vencidos por la fatiga.

ESTANQUEIDAD DEL SISTEMA

Las fugas de fluido, por estar éste mezclado con el aceite de engrase, pueden provocar el gripaje de los órganos móviles del compresor. Además, si hay poco fluido en el circuito, desciende la eficacia del sistema y el compresor, que no debe trabajar nunca en vacío, sufre mecánicamente al trabajar con cargas bajas.

Por estos motivos, el circuito no debe presentar fugas por las que se escape el fluido refrigerante; existen diferentes sistemas para detectar las fugas, uno de los más sencillos y eficaces es el del agua jabonosa.

Este método, casero y eficaz, consiste en disolver jabón en agua dentro de un recipiente y con una brocha aplicar el agua jabonosa en las partes del circuito sospechosas de tener fugas; la salida del gas genera pompas en el agua jabonosa y así se delata la fuga.

Los fabricantes de vehículos y de sistemas de aire acondicionado suministran equipos electrónicos para detectar las fugas (figura 50), consistentes en un analizador de gases como los utilizados para los gases de escape. Está basado en el sistema del puente de Wheatstone, donde el valor óhmico de una resistencia varía cuando es enfriada por el fluido que se fuga del circuito. Un galvanómetro o un avisador acústico nos indica la cuantía de la fuga.

Para utilizar este detector hay que desplazar el extremo medidor, del tubo recogemuestras del aparato, por todo el circuito de aire acondicionado por la parte inferior, haciendo hincapié en las juntas y empalmes de tubos, pues el fluido refrigerante es más pesado que el aire y debe introducirse dentro del analizador de gases para que éste lo detecte. Este sistema resulta muy preciso, pues detecta fugas pequeñísimas, pero no indica el punto exacto por donde se escapa el fluido.

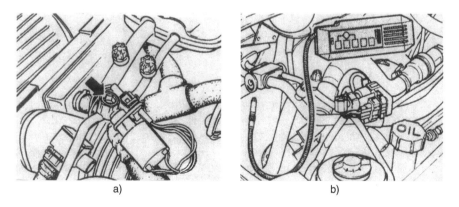

a)   b)

Figura 50. Verificaciones en el sistema de aire acondicionado. a) Situación de la mirilla cerca del condensador del circuito. b) Forma de detectar fugas con un analizador de gases.

Las fugas pueden resultar también una puerta de entrada para el aire o la suciedad, que también perjudican el funcionamiento del sistema y, de manera primordial, el aire que al verificar presiones o actuar para reparar el circuito, se nos puede introducir en él; por eso, hay que tomar las precauciones necesarias para evitar las entradas de aire y efectuar las purgas pertinentes antes de dar por finalizada una reparación.

La presencia de burbujas de aire en el interior del circuito de refrigeración resulta inconveniente en varios sentidos; en primer lugar, porque el aire lleva humedad y ésta puede congelarse en la válvula difusora y dejarla taponada. También la humedad, que inevitablemente lleva el aire, es principio de corrosiones en las partes metálicas del circuito, además de descomponer por oxidación el aceite de engrase.

Por último, el enemigo de los circuitos hidráulicos son las burbujas de aire; cuando están presentes en el seno del fluido refrigerante, en estado líquido, hacen que éste pierda presión, ya que la energía generada en el compresor se consume en comprimir las burbujas de aire.

Una burbuja de aire instalada en medio del serpentín del condensador tiende a permanecer en él, impide la circulación normal del líquido y dificulta el intercambio de calor entre el fluido y el aire atmosférico.

Si la burbuja de aire se aloja en el serpentín del evaporador, puede crear un depósito de aceite lubricante, pues el aire no lo disuelve como lo hace el fluido refrigerante y sí, en cambio, puede retener algunas partículas de aceite que entren en contacto con la burbuja, la cual, además, hará disminuir el rendimiento del evaporador al estar una zona del radiador, la cubierta interiormente por la burbuja, totalmente inactiva, puesto que allí no se evapora ningún fluido y no se produce absorción de calor.

DIAGNÓSTICO DE AVERÍAS

Para diagnosticar el buen o mal funcionamiento de un sistema acondicionador de aire, lo más inmediato es medir la temperatura del aire al entrar en el habitáculo del coche; para ello dispondremos de un termómetro de par termoeléctrico, cuyo bulbo sensible colocaremos a través de las rejillas de una de las entradas de aire del salpicadero para determinar la temperatura del aire que entra.

Esta prueba debe realizarse cuando el motor ya está caliente, con el aire acondicionado funcionando, desde la arrancada del motor, en su máxima potencia y la velocidad máxima del ventilador; en estas condiciones la lectura del termómetro debe situarse entre 4 y 10°C. Si la lectura del termómetro es superior a 10°C, indica que el sistema no funciona correctamente.

A partir de este dato, lo primero es verificar las presiones y temperaturas del circuito con un juego de manómetros, para determinar con bastante precisión el tipo de avería.

El circuito del acondicionador de aire lo podemos considerar, a efectos de diagnosis, dividido en dos partes (figura 51); la primera abarca desde la salida del compresor hasta la válvula difusora, condensador incluido, que está sometida a presiones altas de 10 a 20 kg/cm^2 y caliente, y la segunda parte que empieza en el evaporador hasta la entrada del compresor, fría y de baja presión de 0,5 a 2 kg/cm^2.

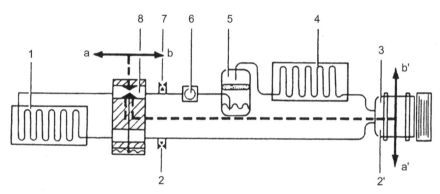

Figura 51. Presiones en el circuito de aire acondicionado de un automóvil: a a' *circuito de baja presión;* b b' *circuito de alta presión. 1) Evaporador. 2) Conexión al circuito de carga. 2') Toma de aspiración del compresor. 3) Salida de presión del compresor. 4) Condensador. 5) Filtro con depósito de refrigerante. 6) Mirilla del circuito. 7) Conexión al circuito de carga. 8) Válvula difusora.*

DIAGNÓSTICO ORGANOLÉPTICO

Atendiendo a estos datos se puede efectuar un diagnóstico táctil, primero verificando que las tuberías de cada parte del circuito responden a los criterios de temperatura que acabamos de indicar y que estas temperaturas son bastante uniformes en toda la parte correspondiente del semicircuito sin variaciones bruscas. Cualquier cambio brusco de temperatura en un punto del circuito, que no sea de los puntos que señalan la separación entre las dos partes, indica una posible obstrucción de las conducciones en aquel punto concreto.

Algunos sistemas disponen de un visor que consiste en un codo de empalme de tuberías con la parte superior transparente, de manera que se puede observar al fluido circulando por el circuito. Dado que el fluido es incoloro, el visor ofrece el mismo aspecto con el circuito lleno que con el circuito vacío; por tanto, resulta un sistema de diagnóstico poco eficaz.

Algunas veces, por efecto del aceite disuelto en el fluido, se aprecia por el visor un líquido de aspecto lechoso, que sólo deberá preocuparnos si presenta burbujas.

DIAGNÓSTICO CON MANÓMETROS

Los circuitos de aire acondicionado disponen de las válvulas pertinentes para poder conectar dos manómetros al circuito y verificar las presiones; un manómetro de alta conectado al semicircuito del condensador y uno de baja para controlar la presión en el semicircuito del evaporador.

Los dos manómetros (figura 52) montados sobre un trozo de tubería, con las correspondientes válvulas que permitan mantener aislados los dos semicircuitos y recargar el sistema, junto con los tubos de conexión a las válvulas del sistema, forman la batería de manómetros o el equipo de diagnóstico y carga del sistema.

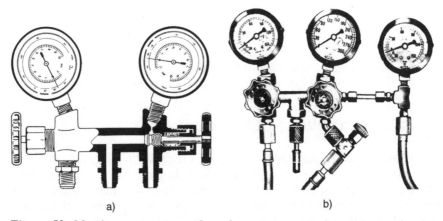

a)   b)

Figura 52. Manómetros para verificar las presiones en los sistemas de aire acondicionado. a) Sistema de dos manómetros: la escala interior está graduada en bar y la escala exterior en grados centígrados (°C). b) Sistema de tres manómetros.

Cuando se miden las presiones que existen en ambos semicircuitos, como se conocen las características de cada fluido refrigerante, se conocen también las presiones de vapor o presiones que ejerce el vapor saturado sobre el líquido y, en consecuencia, las temperaturas que se encuentran ambos, y por este motivo normalmente estos manómetros llevan dos escalas, una de presiones y otra de temperaturas.

Para que los valores observados sean válidos deben coexistir, en el punto de medición, la fase líquida del fluido refrigerante con su vapor. La desavenencia entre los valores de presión observados con los que ha determinado el fabricante son indicadores de anomalías.

Cada fabricante dispone de un manual, para su producto, donde se indica la gama de presiones y temperaturas a que debe funcionar el sistema para cada modelo de coche en particular; por tanto, en primer lugar, deberemos disponer de este manual para poder verificar el estado del sistema.

Por ejemplo, una presión más baja de lo indicado en catálogo, en el evaporador, y una presión más alta, en el condensador, son sinónimos de que está atorada la válvula difusora.

Para evitar las entradas de aire en el sistema, antes de conectar los manómetros hay que purgar el conjunto actuando en las válvulas de control, y permitir que se llenen del fluido refrigerante para efectuar las mediciones.

VERIFICACIÓN DE LAS TRAMPILLAS

En los sistemas manuales hay que verificar que las trampillas que rigen la distribución del aire en la entrada se abren y cierran completamente; de lo contrario, falsean la climatización del interior.

En los sistemas automáticos habrá que verificar el sistema de vacío y que todas las válvulas funcionan correctamente.

CARGA DEL FLUIDO REFRIGERANTE

Siempre que se tenga que manipular en el circuito de aire acondicionado se recomienda, por razones de seguridad, atendiendo a la baja temperatura de ebullición del fluido refrigerante, descargar el circuito antes de proceder a la sustitución o reparación de cualquier componente.

Por necesidades del mantenimiento, se recomienda renovar el fluido con una periodicidad entre tres y cinco años, o cuando deban realizarse operaciones de reparación del circuito. Éstas deben efectuarse con los medios adecuados.

Con el dispositivo de manómetros que se usa para verificar las presiones en el circuito, se puede cargar y descargar el circuito de líquido refrigerante; pero resulta más cómodo y seguro disponer de un equipo de carga.

Entre los equipos de carga y vaciado existen dos tipos: los que mediante un equipo de filtros reciclan el fluido para su inmediata utilización y los que lo envasan en bombonas para un reciclado posterior.

Con los equipos que llevan incorporado el sistema de filtros para el reciclado del fluido debe extremarse la atención al período de sustitución de los filtros, efectuando el cambio antes de que se produzca su caducidad. Cuando se produce una avería en el compresor o si el circuito presenta sedimentaciones oscuras, debe desecharse el fluido refrigerante aunque se hubiera utilizado el sistema de filtros para regenerarlo.

EQUIPO DE CARGA

Los equipos para descargar y cargar el circuito de aire acondicionado suelen ir dispuestos sobre una estructura con ruedas para facilitar su desplazamiento hasta las proximidades del vehículo que necesita del servicio de mantenimiento.

Estos equipos tienen tres manómetros, montados sobre una tubería con tres vías y dos válvulas (figura 53), de manera que se pueden verificar las presiones del circuito con los manómetros, puesto que las válvulas pueden mantener cerrado el circuito o conectarlo al manómetro y conectarlo a una vía externa.

Cada manómetro tiene su válvula de control en su vía de acción con el tubo y racor de conexión al circuito correspondiente, con elemento de identificación para evitar errores de acoplamiento al sistema.

Así, uno de los manómetros sirve para controlar el circuito de alta presión y la vía de descarga, el segundo controla el circuito de baja presión y la vía de carga y el tercero sirve para verificar la presión en la vía de conexión externa.

Una bomba de vacío y un cilindro completan el equipo, que en algunos casos puede incorporar un detector de fugas.

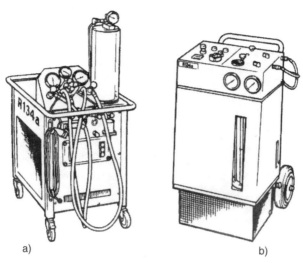

a)   b)

Figura 53. Equipo de carga de fluido refrigerante en un sistema de aire acondicionado. a) Equipo normal para el R134a. b) Equipo con sistema de regeneración incorporado.

El líquido refrigerante viene en latas de 400 g y de 0,5 kg y en bombonas de 1 y de 15 kg. La vía de conexión externa sirve para conectar la bombona o la lata al equipo.

Las dos válvulas en su posición de reposo mantienen la vía de actuación cerrada y manipulándolas podemos conectar el circuito del vehículo con el manómetro o con la toma exterior.

PROCESO DE DESCARGA

La descarga del circuito de fluido refrigerante se realiza por la zona de alta presión; se deben conectar las vías de alta y baja presión a los respectivos racores que están dispuestos en el compresor o cerca de él en el circuito; una vez efectuadas las conexiones, procederemos a purgar la vía de descarga, de alta presión, dejando escapar el aire que contenía la vía y el manómetro, usando la vía externa del equipo que pasa por el interior del cilindro, utilizando para la purga la bomba de vacío.

Una vez purgado el circuito, abriremos lentamente la válvula de descarga (de alta presión) para que el fluido, debido a su propia presión, abandone el circuito del vehículo y llene el cilindro del equipo.

Cuando cese el transvase de fluido podremos vaciar el cilindro en una bombona para su posterior reciclado. En el caso de que dispongamos de equipo con reciclado, podemos mantenerlo dentro del cilindro pues el fluido al entrar en él ya ha pasado por el sistema de filtros, y cerrando la salida del cilindro conectaremos el circuito de alta presión y también el de baja presión a la bomba de vacío para extraer del circuito los restos de fluido que puedan quedar en el circuito hasta llegar a presiones de menos de 1 bar.

En algunos equipos de vaciado no se contempla la posibilidad del reciclado del fluido y se vacía directamente a la atmósfera, lo cual no resulta aconsejable por el efecto contaminador que se produce, pero en caso de tener que actuar con estos equipos deberemos extremar las medidas de seguridad:

- No efectuaremos la descarga cerca de los fosos del taller ni de las entradas a subterráneos ya que el fluido es más pesado que el aire y se deposita en los lugares por debajo del nivel del suelo; puesto que es un gas inodoro, no percibiremos su presencia y puede producir la muerte por asfixia de la persona que penetre en el foso y de las que quieran auxiliarla.
- La descarga debe realizarse en una toma de extractor de humos para que el fluido sea dispersado y se eviten de esta forma concentraciones asfixiantes.

Con el vacío en el circuito y las válvulas de salida cerradas, si mantenemos conectados los manómetros podremos verificar la estanqueidad del circuito. Si es estanco, los manómetros acusarán la depresión del circuito; si hubiera alguna fuga, ahora se habrá convertido en entrada de aire y los manómetros detectarán un aumento de presión.

En estas operaciones deberán abrirse las válvulas de paso despacio y con cuidado para evitar que una salida violenta del fluido refrigerante arrastre el aceite de lubricar el compresor.

Después del vaciado del circuito hay que verificar el nivel de aceite en el cárter del compresor y añadir la cantidad necesaria. En algunos sistemas de coches americanos el aceite se inyecta aprovechando el vacío del circuito del vehículo; se conecta a la válvula de carga del circuito de baja presión una lata que dispone del racor de conexión correspondiente y está llena de fluido refrigerante con elevada proporción de aceite lubricante del compresor, para compensar las pérdidas de vaciado. Cuando se abre la válvula de cierre de la lata, su contenido es aspirado por el vacío del circuito.

Hay otras formas de añadir el aceite lubricante. En algunos modelos, se dispone de un tubo con la conexión al circuito, una llave de paso y un depósito de aceite abierto a la atmósfera con una escala graduada en una de sus paredes para poder determinar las cantidades que entran en el circuito; como en el caso anterior, el aceite es aspirado del depósito hacia dentro del circuito, a través del tubo, cuando se abre la llave de paso.

En algunos sistemas el fabricante recomienda que, al sustituir un componente del circuito, se averigüe la cantidad de aceite que contiene y se deposite igual cantidad de aceite nuevo en el recambio que lo va a sustituir.

Siempre hay que atender las instrucciones que de manera específica da cada uno de los fabricantes en el libro de mantenimiento pues varían las consideraciones, de un fabricante a otro, respecto a la manera de actuar y la importancia de reponer o no el aceite lubricante que pueda perderse en el proceso de descarga.

PROCESO DE CARGA

Para cargar el sistema de aire acondicionado se debe cargar primero con la bombona de fluido el cilindro del equipo de carga. Para proceder a la carga del cilindro hay que purgar el aire contenido en su interior abriendo la válvula de purga; con el cilindro cargado de fluido refrigerante, a una presión de 4 a 7 bar, se conecta el equipo al circuito del automóvil y el fluido se va introduciendo gracias a la presión de dentro del cilindro de carga y al vacío del circuito.

Cuando ha cesado el paso de fluido porque se han equilibrado las presiones en el cilindro y en el circuito, se debe finalizar la carga poniendo el compresor en marcha para aspirar el fluido del cilindro del equipo de carga. Esta operación, para no sobrecargar el compresor, se realiza por la válvula de carga (circuito de baja presión) para que el compresor aspire el fluido en estado gaseoso hasta completar la carga del sistema.

Siempre se debe tener la precaución de purgar los circuitos de aire antes de empezar cualquier operación. La humedad que contiene la atmósfera es un enemigo del sistema de aire acondicionado; si se introduce en el circuito nos acorta la vida del depósito filtrante, y si llega a la válvula difusora la puede obturar al congelarse en ella.

El cilindro del equipo de carga suele poseer tubos transparentes con escalas graduadas y bola de nivel, que permiten ver la cantidad de carga absorbida por el sistema, para poder determinar la cantidad de fluido cargado al sistema y para saber cuándo ha finalizado la operación según sea la capacidad del circuito indicada por el fabricante.

Las escalas graduadas del cilindro relacionan pasos y presiones, por lo que es necesario acoplar la escala que corresponda a la presión que indica el manómetro del cilindro del equipo.

Cada día es más frecuente efectuar la carga del circuito por la zona de las altas presiones, con el fluido en estado líquido, por ser un sistema más sencillo y que permite introducir toda la carga de una sola vez.

El proceso es similar, tomando las precauciones de purgar el aire antes de introducir el fluido que, gracias a su presión de embotellado, penetra sin dificultad en el circuito entre el compresor y la válvula de expansión en el evaporador.

Capítulo 5

Sistemas antirrobo

PRECEDENTES

El automóvil es un invento que, además de facilitar los desplazamientos cuando las vías de comunicación están descongestionadas, permite gozar del placer de la velocidad y, además, es una propiedad que puede "lucirse"; todo ello hace del automóvil un bien codiciado por los amantes de lo ajeno.

Por este motivo, desde antaño se vienen diseñando sistemas para disuadir de su intervención a los afanadores de bienes ajenos; estos sistemas consisten en poner trabas a la puesta en marcha del motor con los sistemas antirrobo, o armar un gran alboroto de luces y señales acústicas con los sistemas de alarma.

Los sistemas antirrobo y de alarma de automóviles los podemos clasificar en tres categorías:

1. Los sistemas que pretenden evitar el robo del vehículo impidiendo la puesta en marcha del motor; estos sistemas actúan sobre la bobina de encendido en los motores de ciclo Otto y sobre la válvula de paro, o su relé, de la bomba de inyección en los vehículos con motor Diesel. Con estos sistemas se pretende evitar que se pueda arrancar el motor, pero dejan indemne el interior del coche y los objetos allí depositados como, por ejemplo, los radiocasetes.

2. Los sistemas que pretenden proteger los componentes situados en el interior del vehículo y protegen las puertas y capós con avisado-

115

res acústicos y luminosos. Dentro de esta categoría existen dos variedades: los sistemas que protegen de la apertura de puertas y capós y los sistemas que además protegen al vehículo de balanceos. Con estos sistemas se pretende ahuyentar al ladrón, y atraer la atención del propietario o de las fuerzas del orden público, con una exhibición de luz y sonido prodigada por las luces de dirección y el avisador acústico o las sirenas instaladas al efecto, con cargo a la energía acumulada en la batería.

3. Los sistemas que son el resultado de la combinación de la primera y la segunda categoría. En el diseño de estos sistemas se considera que, en determinadas circunstancias, las alarmas antirrobo no resultan lo suficientemente disuasivas para los cacos y es necesario asegurar la protección del vehículo evitando que se pueda poner el motor del vehículo en marcha.

SISTEMAS ANTIRROBO DE PRIMERA CATEGORÍA

Los primeros sistemas antirrobo fueron los denominados desconectadores de batería, formados por un interruptor, disimulado en algún lugar del salpicadero, que dejaba sin masa a la batería; para evitar el robo en caso de que el ladrón localice el interruptor, en algunas realizaciones se podía sacar uno de los componentes del interruptor, por ejemplo, un pomo roscado cuyo extremo cerraba el circuito de masa de la batería, y sin este componente no se podía arrancar el motor aunque se localizara el desconectador.

Gracias a la electrónica los sistemas antirrobo han experimentado una evolución considerable y, en la actualidad, existen sistemas de suma sencillez pero de gran eficacia formados por un circuito multivibrador astable de baja frecuencia que produce impulsos eléctricos.

El circuito multivibrador astable (figura 54), o en su defecto un circuito oscilador (figura 55), es la base o el corazón de todos los sistemas antirrobo con alarma o sin ella. Estos circuitos, en forma de chip electrónico, forman un solo componente con los espadines para soldarlos al correspondiente circuito electrónico de control del sistema (figura 56).

Como se aprecia en las figuras 54 y 55, los circuitos oscilador y multivibrador, partiendo de una señal de entrada en corriente continua, generan la señal de salida como una serie de impulsos; éstos amplificados y llevados al primario de la bobina de encendido, dejarán que el motor funcione en intervalos de 5 s y llevados al avisador acústico o si-

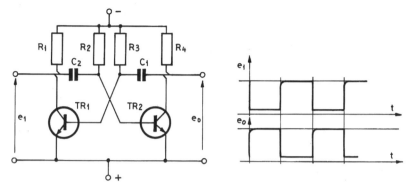

Figura 54. Esquema de un multivibrador astable y gráfica de las señales de salida.

rena de la alarma los harán sonar a intervalos programados; llevados al relé de intermitencias dispararán las luces de emergencia.

El circuito está completado por varias resistencias, algunas de ellas de valor variable, que, combinadas con condensadores, hacen de temporizadores para variar la frecuencia de la señal de salida. Para los antirrobo de motor se recomienda que la frecuencia esté comprendida entre 5 y 10 s para que parezca una avería del motor en vez de un antirrobo.

Este circuito hay que activarlo al parar el coche, ya sea mediante un interruptor o un telemando, generador de bajas frecuencias. Los telemandos son verdaderas emisoras de radio que generan señales de baja

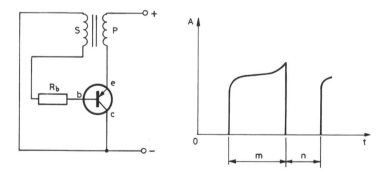

Figura 55. Esquema y señal de salida de un circuito oscilador. S, secundario; P, primario; R$_b$, resistencia de base; m, señal; n, intervalo.

117

potencia capaces de activar el sistema de seguridad, que captan la emisión con un par de transistores.

El circuito oscilador debe estar instalado en serie en el circuito de alimentación del primario de la bobina de encendido, de manera que si se intenta poner el motor en marcha, por cualquier sistema ya sea legal o fraudulento, sin haber desactivado el circuito antirrobo, el motor entra en una fase de arrancadas y paros según le van llegado a la bobina de encendido los impulsos generados por el oscilador del sistema antirrobo.

En el mercado existe una gran de variedad de este tipo de antirrobo; si bien todas se basan en el mismo principio, cada modelo tiene sus

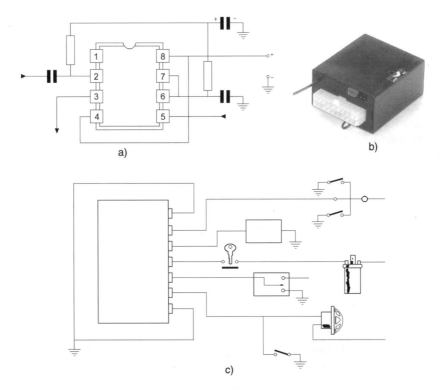

Figura 56 (Cortesía de Radiovox, S.A.). Circuito de control del sistema. a) Chip de silicio con circuito multivibrador astable. b) Caja con microprocesador para controlar el cierre centralizado de puertas, el mecanismo elevalunas, el circuito astable, el relé de intermitencias y la sirena de la alarma. c) Esquema eléctrico del sistema.

118

peculiaridades. Por ejemplo, algunos modelos dan opción a regular los temporizadores que determinan el tiempo que tarda en conectarse o desconectarse el sistema. Así, desde que el conductor activa el sistema hasta que cierra la puerta del vehículo transcurren unos segundos, que pueden estar contados a voluntad del conductor en algunos modelos de antirrobo.

SISTEMAS ANTIRROBO DE SEGUNDA CATEGORÍA

Las llamadas alarmas antirrobo para vehículos automóviles se basan en el mismo principio descrito en los antirrobo de primera categoría, sólo que ahora las señales del circuito multivibrador astable van dirigidos al avisador acústico del vehículo o a una sirena (figura 57) y, además, al circuito de luces de emergencia, quedando todos ellos activados y organizando un gran escándalo.

Los más sencillos de estos modelos de antirrobo van conectados a los interruptores de las luces del interior del vehículo, de manera que si se abre una de las puertas delanteras, con el sistema conectado, se dis-

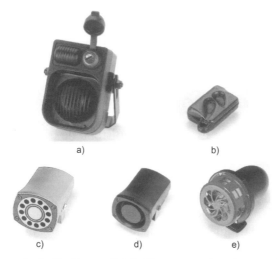

Figura 57 (Cortesía de Radiovox, S.A.). Sistemas antirrobo con alarmas. a) Sirena de alerta, potencia 118 dB. b) Telemando con doble control. c) Sirena de alerta, potencia 120 dB. d) Sirena de alerta, potencia 116 dB. e) Sirena de alerta, potencia 120 dB.

paran las alarmas; este sistema es el más económico pues se aprovechan los interruptores de las puertas que ya vienen montados de serie. Si el vehículo es de cuatro puertas, con este sistema, las puertas traseras quedan desprotegidas.

Los sistemas más completos de estos antirrobo sitúan los interruptores para activar el sistema en las cerraduras de las puertas y, si es un vehículo de cierre electromagnético centralizado de puertas, con el mismo telemando se activan ambos sistemas.

Los antirrobo que se acaban de describir no son eficaces cuando el ladrón utiliza el sistema de romper una luna y, a partir de aquí, abre las ventanillas y "limpia" todo lo que encuentra en el interior. Para prevenir estos casos están los sistemas antibalanceo; estos nuevos sistemas añaden al sistema anterior sensores de inercia que colocados en las puertas y en los capós activan el antirrobo cuando el vehículo se balancea por recibir un golpe o porque lo mueven. Los vehículos equipados con este sistema convierten en un auténtico desfile la acción de la grúa municipal cuando retira el coche mal aparcado.

Los sensores de inercia, utilizados para detectar el balanceo del automóvil, son interruptores en los cuales el botón de accionamiento es una pieza maciza que hace las veces de contrapeso y, al balancear el coche o darle un golpe, cierra los circuitos de alarma dando el consiguiente espectáculo de luz y sonido; un temporizador extra formado por dos resistencias y un condensador determina el intervalo de acción del sistema que, pasado este tiempo, volverá a activarse si sigue el balanceo.

SISTEMAS ANTIRROBO DE TERCERA CATEGORÍA

La combinación de los sistemas antirrobo de primera categoría, que impiden arrancar el motor, y los de segunda categoría, dan lugar a una extensa gama de productos que se pueden englobar dentro de esta tercera categoría.

Así, en talleres especializados, se pueden encontrar desde los sistemas formados por los elementos más sencillos de las dos primeras categorías, a los sistemas más sofisticados de la tercera.

Incluso existe campo para los autodidactas, donde se pueden hallar esquemas con los correspondientes componentes, para que aquellas personas versadas en la electrónica de bricolaje puedan montarse su propio sistema de alarmas. Hay ofertas curiosas como una que ofrece la posibilidad de hacer que la sirena o el claxon suenen con unos intervalos característicos, de manera que queda personalizada la llamada de auxilio del vehículo.

La verdadera eficacia de los sistemas antirrobo y de alarma reside en el grado de camuflaje del conjunto dentro de la instalación eléctrica del vehículo, que impida que puedan ser descubiertos fácilmente y anulados con un "puente" o conductor eléctrico en paralelo con el sistema; junto con la dificultad en descubrir el interruptor de puesta en servicio o de la frecuencia del telemando del sistema.

Una de las facetas interesantes de los sistemas antibalanceo es el calibrado de los interruptores de inercia para evitar que se disparen con el portazo de otro vehículo del garaje, dada la importante descarga de batería que supone activar el sistema de manera frecuente.

Capítulo 6

Sistemas multimedia en el automóvil

INTRODUCCIÓN

Desde los primeros radiorreceptores instalados en los automóviles, con sus delicadas válvulas y todas las limitaciones inherentes a una tecnología incipiente, el desarrollo tecnológico ha introducido en el confort del automóvil equipos de comunicación impensables en su diseño y uso pocos años antes.

Dentro de este variopinto panorama debemos destacar, en primer lugar por su importancia, los sistemas de sonido cuya evolución se ha producido en dos campos diferentes; el primero, el de la tecnología. Se ha pasado de las emisiones en onda normal, corta o larga a la radiodifusión en frecuencia modulada y estamos a las puertas de la radiodifusión digital; pero la evolución no sólo se ha producido en la forma de emitir sus programas las emisoras de radio, el aparato receptor se ha transformado y del receptor de válvulas hemos pasado al receptor de transistores con amplificador exterior para alimentar debidamente a un juego de altavoces de potencias elevadas, si las comparamos con la potencia de los altavoces de las instalaciones pioneras.

El segundo campo evolutivo se da en el ámbito del servicio que presta el sistema al usuario; en este campo el cambio ha sido mucho más radical, ya que se ha pasado de la mera distracción que suponía poder escuchar la radio conduciendo, cuando se podía sintonizar alguna de las pocas emisoras de radio, a reproducir música grabada en los más variados tipos de soporte, además de escuchar la radio, no sólo como entretenimiento, dado que este medio se está convirtiendo en una fuente cada día más indispensable de información sobre el estado del tráfico.

En países como Alemania las emisoras que difunden la información del estado de las carreteras, tanto desde un enfoque meteorológico como desde un enfoque de .fluidez vial, inician sus mensajes con la emisión de una señal que sintoniza el autorradio con la emisora aunque se esté escuchando otro programa o una grabación. De esta manera, el automovilista, basándose en la información recibida, puede optar por itinerarios alternativos o tener conciencia de lo que le espera a lo largo de su trayecto.

Lo más avanzado en el tema de la información sobre rutas e itinerarios son los sistemas de navegación; estos sistemas disponen de un microprocesador que presenta en una pantalla de cristal líquido mapas de la zona por donde se desplaza el vehículo indicando la ruta a seguir desde un punto de partida determinado y un destino debidamente especificado.

Los sistemas de navegación presentan el inconveniente que el conductor debe restar atención a lo que ocurre a su alrededor en la vía pública, cosa de vital importancia para su propia seguridad y la de los demás usuarios, para atender los mensajes del sistema de navegación.

En consecuencia, lo prudente es parar el vehículo y detenerse para consultar el sistema de navegación y, si es necesario, apearse para verificar la posición real del vehículo, antes que distraer continuamente la mirada hacia la pantalla del sistema para intentar atender correctamente las instrucciones del sistema; de esta manera podremos mantener, en la conducción, un nivel de seguridad adecuado.

A pesar que algunos sistemas disponen de una interfaz de sonido para dictar instrucciones o reconocer órdenes orales e interpretarlas, siempre queda un grado de incertidumbre acerca de la correcta interpretación de las indicaciones dispensadas por el sistema de navegación, cuando se circula por itinerarios desconocidos, y esta incertidumbre puede derivar en un estrés añadido al producido por las condiciones adversas del tráfico que pueden colocar al conductor dentro de un cuadro de circunstancias favorables al accidente.

A pesar de las meritorias ejecuciones de los sistemas de navegación que ofrecen las diferentes empresas del ramo, sin una eficaz identificación de las calles o carreteras por donde se está circulando los sistemas de navegación resultan guías ciegas; el conductor sigue las instrucciones del sistema pero no sabe dónde está realmente si no puede leer los rótulos de los nombres de las calles o carreteras.

Por todos estos motivos, la mejor guía es una señalización correcta, precisa, concisa y situada en el campo de visión del conductor para que sea fácil de identificar por su parte; esta es la mejor guía de navegación que se debe complementar con un estudio previo del itinerario por parte del automovilista, a fin de prever cualquier contingencia imprevista como desvíos por obras, etc.

Si, al conducir un automóvil, resulta peligroso distraerse mirando los mapas de ruta que ofrece el sistema de navegación, soltar una mano del volante para atender a una llamada telefónica todavía lo es más.

Los sistemas de telefonía y navegación que actualmente se ofrecen para vehículos de turismo son un enorme avance técnico y significan un grado de comodidad hasta hoy insospechado, pero debemos ser conscientes de que existe una forma de utilizarlos que puede poner en peligro nuestra integridad física y la de otros usuarios de las vías de comunicación.

Un acompañante puede identificar las carreteras y calles de un itinerario e interpretar las instrucciones del sistema de navegación para dirigir al conductor por el recorrido correcto. Un sistema de telefonía instalado en nuestro automóvil puede ser muy útil para pedir ayuda en caso de avería o para avisar del retraso en caso de grandes atascos, pero resulta una temeridad atender llamadas mientras el vehículo se desplaza a gran velocidad por una autopista.

LAS SEÑALES

Cualquier forma de energía eléctrica que varíe sus características con una cierta frecuencia, ya sea en forma de ondas hercianas o de impulsos eléctricos en un circuito, se la considera una señal.

Cualquier variación de la tensión, de la frecuencia o de la intensidad, en una corriente eléctrica con la amplitud suficiente para poder ser detectada, analizada, comparada, o capaz de generar una acción cuando es detectada o recibida por el dispositivo adecuado, es una señal.

Esta definición abarca una gama infinita de posibilidades, pues podemos entender como señal a una corriente continua ondulatoria, o simplemente a un evento aislado, como la apertura y cierre de un determinado circuito. O las emisiones de las estrellas del firmamento, como el Sol, que en su proceso de combustión emiten cantidades ingentes de energía.

De manera más concreta podemos definir como señal a cualquier fluctuación, generada expresamente, de los valores de una corriente eléctrica con la finalidad de producir una información respecto del suceso que la genera, para ser cuantificada, o bien generar la respuesta de un sistema.

Estas señales pueden ser convertidas en ondas hercianas que radiadas desde una antena emisora se trasladan por el espacio en forma de impulsos de energía electromagnética. Si disponemos del receptor adecuado podremos captar estas señales e interpretarlas al convertirlas de nuevo en señales eléctricas. Es en esta forma como nos comunicamos por los teléfonos móviles, la radio, la televisión, con los satélites, etc. De un medio de comunicación a otro lo que varía son el tipo de señal y la frecuencia de la onda portadora.

En el circuito de encendido de un motor de gasolina, podemos considerar que el proceso de apertura y cierre del ruptor genera una corriente pulsatoria que varía desde un valor máximo con los contactos cerrados, hasta cero con los contactos abiertos; se podría considerar al ruptor como un generador de señales y cuando se extingue cada señal provoca el salto de la chispa en la bujía.

Del mismo modo podemos considerar a las ondas hercianas generadas por una emisora de radio, como señales que, captadas por la antena de nuestro receptor, generan la respuesta sonora del altavoz.

CARACTERÍSTICAS DE UNA SEÑAL

Las señales de radiofrecuencia las forman dos señales: una señal llamada portadora que define las características de la emisora, su frecuencia y longitud de onda, y la señal de sonido propiamente dicha que se mezcla con la portadora que le hace de soporte para su propagación.

Las emisoras de radiofrecuencia emiten desde sus antenas las señales que toman forma de ondas concéntricas, como cuando se tira una piedra en la superficie de un estanque y se van propagando ondas desde el lugar del impacto por toda la superficie líquida hasta disiparse.

Los obstáculos del terreno como montañas, edificios, accidentes geográficos y demás elementos que constituyen el paisaje frenan, absorben o reflejan las ondas emitidas por las emisoras de radio afectando en grado diverso a su recepción. Por este motivo, es necesario disponer de repetidores de señal, colocados en lugares estratégicos y elevados, para que ésta pueda recibirse con nitidez en todos los puntos de una zona geográfica determinada.

Tal como se ha apuntado anteriormente, dos son las características de las ondas radiofónicas, con independencia de su contenido sonoro, su frecuencia o las veces que la señal aparece por segundo y la longitud de onda que, retomando el ejemplo de la piedra sobre el agua del estanque, sería la distancia entre dos ondas consecutivas.

Según sea la longitud de onda éstas se clasifican en:

- Onda corta de 11 a 50 m de longitud y 6 a 28 megahercios (MHz) de frecuencia.
- Onda media de 190 a 550 m de longitud con frecuencias de 535 a 1600 kilohercios (kHz).
- Onda larga de 1000 a 2000 m de longitud y frecuencias entre 30 y 150 kHz.
- Frecuencia modulada de 1 a 3 m de longitud y de 88 a 108 MHz de frecuencia.

De la longitud de onda, la potencia de emisión y la configuración del terreno depende la penetración de la emisora en los accidentes naturales o artificiales y su alcance; por ejemplo, a mayor longitud de onda se obtiene mayor alcance, pues las ondas sortean con más facilidad los obstáculos.

SEÑAL DE SONIDO

Siguiendo un esquema muy simplificado para explicar cómo funciona la radiodifusión digamos que, la voz del locutor, en un estudio de una emisora de radio, hace vibrar la membrana de un micrófono y esta vibración aplicada a los contactos del interruptor del circuito de alimentación de una bobina se traduce en un campo magnético variable. Este campo, que varía con el tono y la intensidad de la voz captada por el micrófono, se transmite como una señal a otra bobina, de mayor tamaño, instalada en una torre o poste, llamado antena emisora, la cual está situada en un lugar elevado del terreno para poder extender las líneas de fuerza de su campo magnético lo más lejos posible.

El campo magnético de la bobina, de la antena emisora, es una señal analógica; para conseguir más potencia y alcance, esta señal se emite acoplada a una onda portadora, otro campo magnético de mayor intensidad. La antena de un receptor, como todo material férrico situado dentro de un campo magnético, concentra en su interior las líneas de fuerza del campo, o sea, capta la señal, la introduce en los circuitos del receptor, donde es separada de la onda portadora y amplificada en una gama de frecuencias audibles para el oído humano y, finalmente, mandada al electroimán de un altavoz, hace vibrar el cono de éste reproduciendo de esta manera el sonido de la voz del locutor.

Las señales de sonido presentan máximos y mínimos y se asemejan a una sucesión de crestas y valles; por tanto, en una señal debemos distinguir tres partes: frente de entrada, señal y frente de salida. El tiempo entre dos señales consecutivas se llama intervalo; el tiempo que dura una señal más el intervalo se denomina período (figura 58).

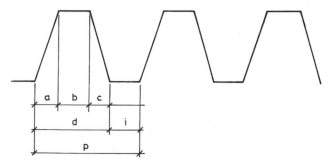

Figura 58. Partes de una señal. a) Frente de entrada. b) Señal. c) Frente de salida. d) Amplitud. i) Intervalo. p) Período.

El frente de entrada es la zona en que se inicia la variación de la tensión o de la intensidad que constituye la señal, y a la duración del frente de entrada se le llama tiempo de formación.

La señal es el máximo o el mínimo que alcanza la variación de tensión o intensidad; los milisegundos en que permanece este valor dentro de un entorno de poca variación es el tiempo de duración de la señal.

El frente de salida es la zona en que se extingue la señal, el tiempo que dura este frente se llama tiempo de desvanecimiento de la señal.

La suma de los tres tiempos considerados en una señal es la amplitud de la señal que, añadido al intervalo entre dos señales forma el período (figura 58).

La frecuencia de una señal es el número de veces que ésta se produce en un segundo; en consecuencia, su valor es la inversa del valor del período y su unidad es el hercio (Hz); los hercios indican la cantidad de períodos de una señal que se producen en un segundo.

TIPOS DE SEÑALES

Hemos definido la señal como una variación de los valores de una corriente eléctrica, y para clasificar las señales atenderemos a la manera en que se produce la variación y a su representación gráfica.

En función de la manera de producirse la variación, las señales se clasifican en digitales y analógicas (figura 59).

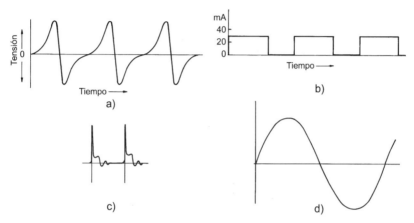

Figura 59. a) Señal analógica. b) Señal digital. c) Señal amortiguada. d) Señal sinusoidal.

Las señales digitales son del tipo que es capaz de procesar un ordenador; su gráfica es rectangular y están formadas por bloques de impulsos que alternan en cada período los valores "todo" y "nada", de manera que pueden asimilarse a los dos símbolos del código binario, base de cálculo de los ordenadores, si se hace corresponder el valor 1 para la amplitud de la señal y el valor 0 para el intervalo.

Señales analógicas son todas las demás; su característica consiste en la gradualidad de la señal. Una señal analógica presenta fluctuaciones del valor que forma la señal en el frente de entrada, en la señal o en el frente de salida.

Su denominación proviene de la manera en que se producen; por ejemplo, al actuar sobre un interruptor para abrir un circuito se genera una señal de tipo analógico, pues la corriente extra de ruptura hace que el corte no se produzca de manera instantánea, o si introducimos un nú-

129

cleo en el interior de una bobina, por más rápidamente que actuemos, la variación del campo magnético siempre se producirá de una forma progresiva debido a las corrientes autoinducidas; en consecuencia, las señales que generamos mediante los periféricos siempre son de tipo analógico.

Las señales se clasifican por su representación gráfica en: señales rectangulares, de diente de sierra, trapezoidales, de aguja, sinusoidales y amortiguadas (figura 60).

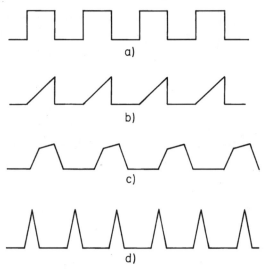

Figura 60. a) Señal rectangular. b) Señal de diente de sierra. c) Señal trapezoidal. d) Señal de aguja.

Las señales rectangulares son aquellas que presentan en el frente de entrada y de salida una variación instantánea de la tensión o de la intensidad de la corriente, y forman una sucesión de tramos horizontales correspondientes al máximo de señal, unidos a los intervalos por trazos verticales, lo que da una apariencia rectangular a un conjunto sucesivo de períodos de señales.

En la señal de diente de sierra, la señal o máximo se alcanza con un frente de entrada progresivo que queda indicado con una trazo inclinado y, una vez alcanzado el máximo, instantáneamente se alcanza el valor inicial; por tanto, el frente de salida es vertical y el valor máximo de

130

la señal es puntual; el perfil gráfico de varios períodos consecutivos se parece a la disposición que presentan los dientes de una sierra mecánica.

La señal trapezoidal tiene el frente de entrada y el de salida en forma progresiva, que se representan por dos trazos inclinados respecto la vertical, el valor máximo o señal es un trazo inclinado respecto la horizontal, y el gráfico de varios períodos parece una serie de trapezoides que carecen de la base mayor.

Las señales de aguja, llamadas también de corta duración, son aquellas cuya amplitud es tan breve que las podríamos asimilar a una señal de diente de sierra en que la fase de entrada tuviera una gran pendiente, casi vertical.

Las señales sinusoidales son aquellas cuya variación sigue las leyes de una función trigonométrica (seno o coseno) y su gráfica es similar a la de una corriente alterna, aunque todos sus valores sean del mismo signo.

Las señales amortiguadas son bloques de señales que constituyen un período, con independencia de su forma, y tienen los máximos en sentidos decrecientes, tanto en magnitud como en amplitud.

SEÑALES EN CORRIENTE ALTERNA

La corriente alterna, debido a la fluctuación de sus valores, es la señal por excelencia; generalmente en una corriente alterna la tensión y la intensidad varían según una ley sinusoidal y, en algunos casos particulares, sus valores reales pueden ser representados por una serie de curvas cuyos valores pueden hallarse integrados en una sinusoide determinada.

Una sinusoide es aquella curva que representa la variación de la función trigonométrica seno de un ángulo.

En una circunferencia de radio unidad (1 cm, 1 m, o cualquier unidad de longitud) el seno del ángulo, formado por dos radios, uno de ellos horizontal, es la perpendicular desde el extremo del radio inclinado hasta el horizontal.

Si medimos el seno de todos los ángulos que pueden formarse en una circunferencia, grado a grado (entre 0° y 360°), observaremos que, la longitud del seno, va variando entre los valores −1, 0 y 1.

Si representamos todos los valores mediante una gráfica, sobre ejes cartesianos, de manera que el eje de las abscisas sea el desarrollo de la longitud de la circunferencia dividida en grados, y colocamos cada valor medido en la ordenada de la división correspondiente del eje de las abscisas, la curva que une todos los extremos de las ordenadas es una sinusoide (figura 61).

La intensidad de una corriente alterna varía según una sinusoide y la tensión también; según los valores máximos de ambas, las crestas de las sinusoides serán romas o aguzadas. Cuando los valores cero en tensión e intensidad se producen en el mismo instante, decimos que están en fase la tensión y la intensidad.

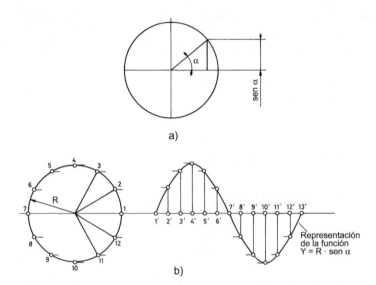

Figura 61. a) Valor del seno de un ángulo en una circunferencia de radio unidad. b) Desarrollo de la función sinusoidal.

Cuando los valores cero de la tensión e intensidad de una corriente alterna no se producen en el mismo instante, las dos sinusoides cortarán al eje de las abscisas en puntos diferentes y la diferencia en grados entre los dos puntos es el ángulo de desfase denominado con la letra griega φ (fi).

La corriente alterna considerada como señal tiene un período que coincide con la amplitud de los dos bucles de la sinusoide, y a cada bucle se le llama semiperíodo; el intervalo en la corriente alterna es cero, y la señal presenta dos máximos, uno positivo y otro negativo, o un máximo y un mínimo, según los tomemos en valores absolutos o relativos (figura 62).

132

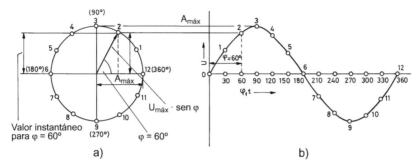

Figura 62. Representación gráfica de una corriente alterna. a) Con un sistema vectorial. b) Con un sistema cartesiano.

INSTALACIÓN DE RECEPTORES Y REPRODUCTORES

La instalación de los aparatos de los diferentes sistemas de audición, navegación o vídeo suele ser según los criterios de la persona propietaria del turismo, pues no todos los usuarios los consideran necesarios. En caso de optar por diferentes servicios a la vez, éstos no se suelen adquirir en un mismo instante; a pesar de ello, cada día son más los fabricantes de automóviles que ofrecen sus vehículos con el cableado para la futura instalación de autorradios y demás servicios multimedia.

La tendencia actual apunta a sistemas que permitan conectar todos los componentes de los diferentes sistemas en el automóvil, mediante una red de conectores que funcione como el "bus" que permite la comunicación de señales en el interior de un microprocesador.

Esta red, que incorpora un microprocesador de control, sirve de unión entre los diferentes sistemas ya sean radiocasetes, sistemas de navegación, telefonía o de vídeo, de manera que el microprocesador, que puede ser el del sistema de navegación, controla todos los sistemas conectados a la red y de esta manera aprovecha las señales o dispositivos comunes estableciendo una comunicación entre todos ellos. A manera de ejemplo, una pantalla de cristal líquido de alta resolución (312.890 pixels) puede servir a un reproductor de cintas de vídeo, al sistema de navegación presentando los gráficos del itinerario, estar conectado a una cámara de vídeo y servir de retrovisor o servir de panel con indicación de las emisoras sintonizadas en el radiorreceptor, según sea la opción seleccionada por el conductor en el menú de servicio del microprocesador.

Los fabricantes de automóviles también están trabajando en la misma línea de manera que, por medio de una red de conductores se puedan comunicar los diferentes sistemas del vehículo con control electrónico como, por ejemplo, los frenos "ABS" con el control del par motor "ASR". Es de esperar que en un futuro ambas redes se unifiquen en una sola y de esta manera el sistema de navegación pueda compartir la información, de gran precisión, que sobre el giro de las ruedas ofrece el sistema de frenos "ABS".

RADIORRECEPTORES, RADIOCASETES Y LECTORES DE CD

Para captar las señales emitidas por las emisoras de radiodifusión, es necesario disponer en el automóvil de una antena, un aparato receptor, en algunos casos un amplificador externo, los altavoces y los cables de conexión que completan el circuito, todo ello bien protegido de las corrientes parásitas generadas en el coche por los diferentes dispositivos eléctricos y electrónicos.

ANTENA

Para captar las ondas emitidas desde una emisora de radiodifusión, es necesario disponer de un conductor que al situarse en el campo magnético de las ondas de la señal de radio, éstas induzcan en él una débil corriente que será la señal de entrada; esta señal, posteriormente decodificada y amplificada, será la responsable del sonido que produzcan los altavoces.

Las antenas para los aparatos receptores de radio deben instalarse con sumo cuidado, en un automóvil, pues del éxito de su instalación va a depender la calidad de las señales captadas.

Son dos los aspectos que deben cuidarse al instalar la antena del receptor en el automóvil: su ubicación y su toma de masa.

Respecto al lugar de su ubicación, debe reunir tres condiciones:

- Que sea el lugar más alto, el techo del vehículo por ejemplo; para captar con más facilidad las ondas emitidas por la emisora.
- Que esté alejada del sistema de encendido en los coches equipados con motor de encendido por chispa. El sistema de encendido con sus tensiones de 12.000 a 20.000 V es el principal generador de perturbaciones para el equipo receptor de radio; si la antena se instalara en sus proximidades captaría todos estos parásitos.

134

- Que esté lo más cerca posible del receptor y que su conexión se efectúe mediante un cable apantallado o coaxial, para evitar que cualquier otro tipo de perturbación se introduzca en el receptor por el cable de antena.

En la instalación de la antena hay que jugar con estas tres variantes para conseguir en cada coche en particular una entrada de señal óptima sin perturbaciones; por ejemplo, si bien el techo resulta idóneo respecto la primera condición no lo es respecto de la tercera. Una aleta delantera puede ser el lugar ideal respecto de la segunda y tercera condición, pero no con relación a la primera; en la decisión del lugar perfecto para la instalación de la antena también puede ser decisiva la dificultad mecánica en realizar la instalación.

Las antenas deben tener una buena toma de masa para facilitar que la onda emitida pueda inducir la débil señal de entrada; para eliminar problemas con el contacto de masa debidos a la pintura y recubrimientos que protegen a la carrocería, algunos fabricantes entregan el vehículo con la antena instalada de fábrica, de manera que la instalación de la toma de masa de la antena en la carrocería se efectúa antes de darle las capas de imprimación y pintura, garantizando un buen contacto eléctrico desprovisto del peligro de la corrosión.

Cuando se debe efectuar la instalación de la antena en un vehículo, se recomienda eliminar la pintura del lugar de sujeción de la antena para garantizar un buen contacto a masa y una vez conseguido esto, debe tomarse la precaución de proteger el montaje de la humedad para evitar que la toma de masa se convierta con la humedad y la lluvia en un foco de corrosión que eche a perder la carrocería.

TIPOS DE ANTENAS

Según su posición, las antenas pueden ser para techo, para aleta o para laterales (figura 63). Según su estructura, fijas o telescópicas y, según su manera de moverse, manuales o automáticas. Todas ellas pueden presentarse solas o llevar incorporado un amplificador para la señal de entrada.

Las antenas de techo (figura 64) son fijas en longitud pero abatibles para soportar los esfuerzos en los túneles de lavado.

Las antenas telescópicas están formadas por un recipiente cilíndrico que se fija a la carrocería mediante la correspondiente base de acoplamiento y contiene cuatro o seis tubos de diámetros escalonados que encajan, con ajuste deslizante, el menor dentro del mayor, de forma que pueden deslizar entre sí variando su longitud y quedar plegada la antena dentro de su recipiente contenedor cuando no se usa el radiorreceptor y alcanzar desplegada una longitud comprendida entre 80 y 120 cm.

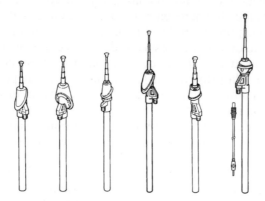

Figura 63 (Cortesía de Radiovox, S.A.). Diferentes tipos de antena de radio-difusión para automóvil.

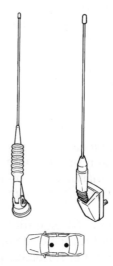

Figura 64 (Cortesía de Radiovox, S.A.). Antenas de techo para automóvil, con indicación de los lugares idóneos para su ubicación.

Los tubos acaban en un agujero calibrado que sirve de guía y tope al de menor diámetro (figura 65) y en su base tienen una zona que ajusta al diámetro interior del tubo mayor para garantizar el guiado al desplegar y recoger la antena. El conjunto de tubos se monta desde la parte interior de la antena y se remata con un botón que tapa el último tubo y, a la vez, hace de tope para evitar que pueda descomponerse el montaje. Este botón sirve para desplegar la antena tirando de él hacia arriba y para recogerla empujándolo hacia su base en la carrocería.

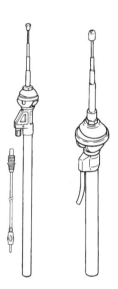

Figura 65 (Cortesía de Radiovox, S.A.). Antenas telescópicas de radiodifusión para automóvil.

Figura 66 (Cortesía de Radiovox, S.A.). Antena de radiodifusión para automóvil automática con motor incorporado para su despliegue.

Las antenas automáticas (figura 66) son antenas telescópicas que disponen de un motor eléctrico de corriente continua; este motor enrolla y desenrolla un cable sobre una polea, solidaria a su eje; el cable está unido por un extremo a la polea y por el otro al botón del último tubo, por el interior de la antena. De esta manera los movimientos del cable se convierten en su despliegue o recogida.

Las antenas que llevan incorporado un circuito amplificador como los descritos en el manual "Electrónica Básica en Automoción" aumentan su capacidad para captar emisoras y aportan una señal más nítida y vigorosa al receptor.

También hay antenas específicas para telefonía, cuya única peculiaridad reside en su longitud adaptada a la longitud de onda característica de los emisores de telefonía.

MANTENIMIENTO DE LAS ANTENAS

Cables, conectores, adaptadores, prolongaciones y bases de soporte son los complementos para el montaje, mantenimiento y mejora de la instalación de las antenas, cuya principal avería es la rotura o doblado de los tubos telescópicos; para reparar estas averías los principales fabricantes disponen de un sistema de fácil recambio del conjunto telescópico (figura 67).

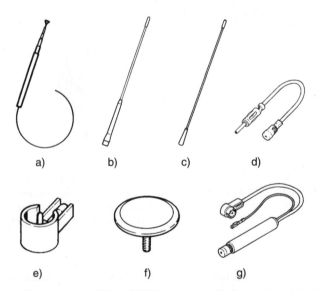

Figura 67 (Cortesía de Radiovox, S.A.). Complementos y recambios para antenas de automóvil. a) Recambio de antena con cable de tracción. b) Recambio de antena completo. c) Recambio de extremo de antena. d) Cable para antena. e) Adaptador de antena. f) Recambio de botón de extremo de antena. g) Amplificador para antena.

RADIORRECEPTORES

Desde las antiguas radios de galena hasta los actuales radiorreceptores digitales ha habido un enorme salto tecnológico gracias al transistor. El transistor es un componente electrónico que ha sustituido a las antiguas y delicadas válvulas electrónicas de filamento y rejilla, permitiendo una disminución en el tamaño de los receptores, un considerable aumento de sus prestaciones y una disminución en el mantenimiento y averías.

Debido a sus características funcionales, el transistor es el elemento ideal de los circuitos amplificadores. Recordemos que un radiorreceptor es básicamente un aparato que recibe la débil señal inducida en la antena por las ondas de una emisora y la amplifica hasta convertirla en una señal capaz de hacer vibrar el cono de un altavoz. En este proceso de amplificación se añaden los filtros y componentes adecuados para que la señal recibida quede libre de perturbaciones y consiga ganancias, tanto en la potencia como en la forma, que favorezcan la mayor fidelidad posible en la reproducción de los sonidos originales. Esta podría ser la definición de un radiorreceptor de alta fidelidad.

Fueron tan grandes las innovaciones que la introducción del transistor aportó a los receptores de radio que a los primeros aparatos portátiles a pilas se les denominó con el nombre del componente: transistores. Hoy en día se les conoce como radiocasete, pues gracias a la electrónica se han hecho inseparables los receptores de radio con los reproductores de cintas magnéticas de sonido.

Con un transistor, dos resistencias, un condensador y un altavoz electrodinámico, podemos construir un receptor elemental de radio, muy limitado en cuanto a su capacidad de sintonía y su calidad de sonido, pero con este artilugio algún que otro ruido herciano se puede captar.

Tal como muestra la figura 68, el transistor se monta formando un circuito de emisor común, donde la entrada E, entre base y emisor del transistor, será la toma de antena y el circuito emisor-colector del transistor será la alimentación del altavoz. Este es un circuito amplificador de una sola etapa que amplifica la señal de antena aplicada a la base del transistor en forma de corriente de alimentación del altavoz.

Repitiendo este montaje añadiríamos etapas de amplificación al circuito y cada etapa significa una ganancia en potencia de la señal de entrada; además, con condensadores y resistencias podemos modificar la forma de la señal haciendo que sus frentes de entrada o de salida sean más verticales o enérgicos, resaltando el valor máximo de la señal o

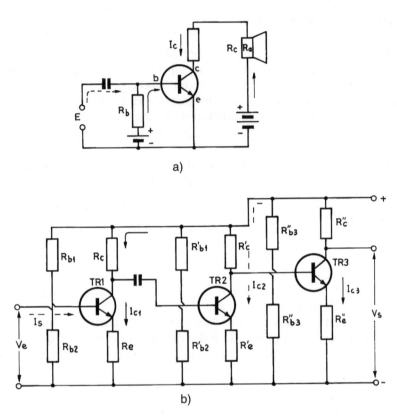

a)

b)

Figura 68. Esquema eléctrico de un radiorreceptor. a) Receptor elemental de una sola etapa amplificadora y sin elementos de sintonía. b) Circuito amplificador de tres etapas.

que se suavicen con unas pendientes más pronunciadas. Los condensadores, con su proceso de carga y descarga que se produce al ritmo de variación de las señales, son unos filtros excelentes para eliminar las perturbaciones que acompañan a las señales de antena.

Combinando diferentes tipos de transistores, como los MOS o MOSFET, con condensadores, con solenoides y resistencias conseguiremos circuitos amplificadores de potencia, circuitos digitalizadores para transformar las señales analógicas en digitales, circuitos discrimadores de frecuencias para separar la señal de la onda portadora, circuitos osciladores para reforzar algunas frecuencias y circuitos para controlar

140

la tensión de alimentación de la batería, que convertirán al radiorreceptor en un aparato con gran capacidad de recepción, con ajuste automático en la selección de las emisoras, y de alta fidelidad en la reproducción del sonido.

Todo el conjunto de circuitos electrónicos que forman parte del radiorreceptor van montados sobre una placa de circuito impreso, encerrada dentro de una caja de aluminio o de chapa de acero conectada a masa que, actuando de campana de Faraday, apantalla y blinda el conjunto electrónico de las interferencias externas. Este cajón metálico está cerrado por una de sus caras por una carátula donde están instalados los mandos del sistema y los diales de información, que cada vez más son pantallas de cristal líquido que informan de la emisora que está sintonizada, del tipo de música que se está reproduciendo, etc.

a)

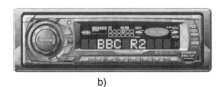

b)

Figura 69 (Cortesía de Clarion Spain, S.A.). a) Radiorreceptor con reproductor de casetes. b) Radiorreceptor con reproductor de disco compacto.

Las realizaciones en radiorreceptores (figura 69) actuales suelen llevar incorporado un reproductor de cintas de sonido o un lector de discos compactos; y tienen la carátula desmontable de manera que se puede sacar al dejar el coche aparcado y de esta manera disuadir a los ladrones. En los modelos más avanzados las carátulas son una enorme pantalla de cristal líquido donde se ofrece información del uso del aparato, con botonera de mando incluida. La ranura para introducir el disco compacto o la cinta de música está situada detrás de la carátula que, además, es basculante para permitir la carga de la grabación.

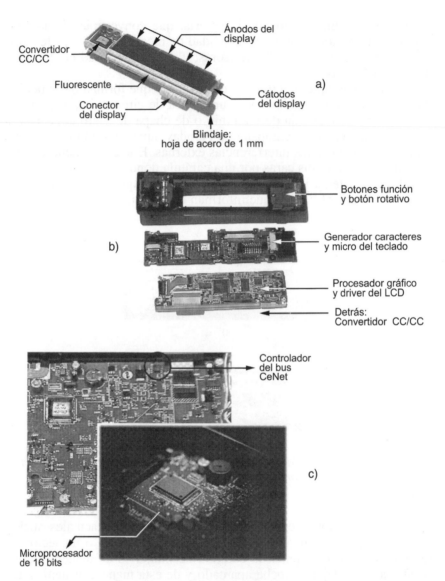

Figura 70 (Cortesía de Clarion Spain, S.A.). Carátula extraíble y detalle de circuitos de un radiorreceptor. a) Detalle de los sistemas de iluminación y disposición de la pantalla de cristal líquido que presenta información de la emisora sintonizada, de la pieza que está reproduciendo, etc. b) Carátula desmontada de un radiorreceptor. c) Circuitos electrónicos de control de un radiorreceptor.

ALTAVOCES

El interior de un coche no es precisamente una sala de conciertos y la reproducción de sonidos es alterada por el propio ruido interno del vehículo y por el ruido externo, las características del lugar tampoco son las adecuadas pues se trata de un espacio pequeño e irregular con superficies de dos tipos: reflectantes del sonido (las lunas) que al chocar el sonido en ellas se refleja provocando ecos y superficies absorbentes (la tapicería), donde el sonido queda amortiguado.

Esto plantea que, para conseguir una audición aceptable de los dispositivos instalados, ya sean receptores de radio o reproductores de grabaciones efectuadas en soporte magnético o soporte óptico, es necesario determinar correctamente la potencia a instalar, la disposición y el tipo de los altavoces que se deberán montar.

Un altavoz (figura 71) es un electroimán cuya bobina es alimentada por la señal de salida del amplificador; las variaciones de la señal generan, en la bobina, un campo magnético que fluctúa de manera sincrónica con las variaciones de la señal.

Este campo magnético variable hace vibrar el núcleo del electroimán sobre el que descansa, apoyando su base truncada en un cono truncado de cartón, de celulosa o de fibras orgánicas; este cono vibra al ritmo del núcleo del electroimán y su vibración la transmite a las partículas del aire atmosférico que están en contacto con su superficie lateral y de esta forma reproduce un sonido parecido al original que se produce en los estudios de la emisora de radio o donde se realizó la grabación.

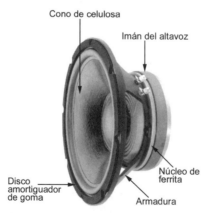

Figura 71 (Cortesía de Radiovox, S.A.). Altavoz para equipo de radiodifusión.

143

Un anillo de goma apoyado sobre la base del cono truncado hace de suspensión al conjunto, apoyándose en la armadura que actúa como soporte del altavoz, de manera que permita la vibración del cono en toda su amplitud evitando rebotes que producirían distorsiones al sonido. De la calidad de la goma del anillo obturador y de los materiales con los que se construye el cono del altavoz depende, en gran manera, el grado de fidelidad del altavoz para reproducir sonidos tan parecidos a los originarios que apenas podamos apreciar las diferencias y además estén libres de ruidos y resonancias molestas.

Los materiales utilizados en el cono de los altavoces deben ser resistentes a la fatiga y tener un grado elevado de elasticidad para transmitir bien las vibraciones al aire; desde el cartón utilizado inicialmente y que hoy todavía se usa, hasta los preparados de celulosa prensada y barnizada, los compuestos de grafito policarbonado, o los polímeros con aportaciones de fibras minerales son algunas realizaciones en conos para altavoces de la enorme gama de materiales que cada fabricante utiliza para sus altavoces, con el fin de obtener el sonido más limpio y más fiel al de la fuente original.

TIPOS DE ALTAVOCES

Pretender clasificar los diferentes tipos de altavoces sería transcribir un catálogo enorme, pues los hay que se diferencian por su función: altavoces para tonos graves, para tonos agudos, para tonos medios, para toda la gama de tonos, altavoces dobles, uno dentro del cono del otro, para trabajar toda la gama de tonos del sonido, según su forma de montaje, según su propia forma, etc. (figura 72).

MONTAJE Y MANTENIMIENTO

Lo más habitual es que los altavoces, una vez montados, queden disimulados y sujetos a la bandeja posterior que tapa el maletero, o bien dentro del tapizado de las puertas, pero también en el reposapiés, en el tapizado del techo, en el portón del maletero e incluso los hay adaptados para el armazón del retrovisor lateral exterior.

Para facilitar su instalación, los fabricantes ofrecen bandejas o paneles de puerta con los agujeros para instalar todo el conjunto de altavoces y, en su caso, paneles que se adaptan a la forma de la bandeja o del tapizado de la puerta o del lugar elegido para instalar el altavoz.

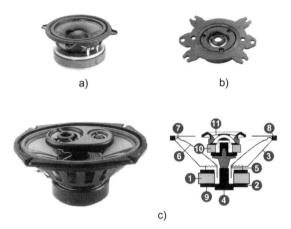

a)   b)

c)

Figura 72 (Cortesía de Radiovox, S.A.). Tipos de altavoces para equipos de radiodifusión. a) Altavoz de tonos graves predominantes. b) Altavoz de tonos agudos predominantes. c) Altavoz de tres vías: 1) Imán de ferrita. 2) Núcleo de hierro. 3) Chasis de hierro. 4) Paso de ventilación. 5) Soporte de bobina de poliamida. 6) Cono de grafito policarbonado. 7) Suspensión de goma. 8) Protección de la suspensión. 9) Protección del imán. 10) Imán del altavoz de agudos. 11) Cúpula.

En algunas ocasiones, deben taladrarse los paneles para dar salida al cono del altavoz; a tal efecto existe todo un conjunto de brocas para poder taladrar, como los conjuntos mostrados en la figura 73, donde se aprecia la broca centradora y la corona dentada para el agujero de gran diámetro.

Se monta primero la corona dentada en la broca centradora, procurando que el agujero de arrastre se introduzca en el correspondiente tetón, se monta el conjunto en el portabrocas de la máquina portátil de taladrar y se efectúa el taladro, que inicia la broca centradora y antes de traspasar el grosor del panel la corona dentada ya empieza a efectuar una regata circular que cuando llegue su profundidad a igualar el grosor del panel habrá efectuado un taladro de su mismo diámetro.

Redes de plástico, telas y moquetas sirven de soporte y recubrimiento de paneles y bandejas, como muestra la figura 74, para conseguir un acabado elegante que puede rematarse con un toque de pintura en las zonas mecanizadas para disimular las manipulaciones realizadas en la instalación, efectuado con botes de pintura a presión y boquilla de pincel.

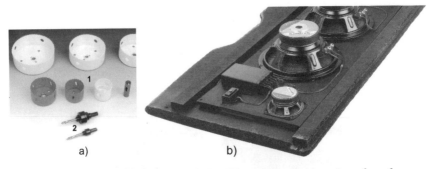

a)   b)

Figura 73 (Cortesía de Radiovox, S.A.). Herramientas para instalar altavoces.
a) Brocas: 1) de taladrar; 2) centradoras. b) Instalación en un panel de madera.

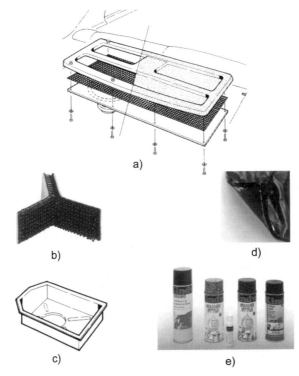

a)

b)   d)

c)   e)

Figura 74 (Cortesía de Radiovox, S.A.). Complementos para la instalación de
altavoces. a) Esquema del montaje de un panel con altavoces en la bandeja
posterior. b) Cinta adhesiva con velcro. c) Tapa protectora para altavoz.
d) Tela asfáltica. e) Botes de pintura a presión para retocar acabados.

146

Un elemento importante de esta instalación son los cables, en los cuales, por su resistencia eléctrica, se produce una ligera caída de tensión que se traduce en pérdidas de señal; la pureza del material que constituye el cable es determinante para conseguir el mínimo nivel de pérdidas.

Los cables conducen las señales y también las perturbaciones parásitas. Un buen blindaje evita que los cables capten las señales parásitas; los trenzados de cobre y de aluminio con mylar, una variante de plástico, son buenas soluciones. Hay que recordar que los blindajes deben conectarse a masa para conseguir su eficacia.

En los cables también se producen distorsiones de fase, debido al aire que queda entre los lazos del trenzado, que hace de dieléctrico convirtiendo el lazo en un condensador. La forma de fabricar el cable buscando el trenzado ideal para disminuir el efecto de distorsión de fase es la solución. En la figura 75 se pueden observar diferentes tipos de cable utilizado en instalaciones de radio para automóviles.

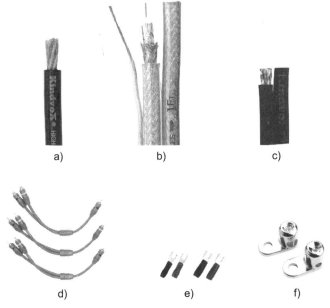

Figura 75 (Cortesía de Radiovox, S.A.). Cables para la instalación de radio.
a) Cable de potencia. b) Cable de señal. c) Cable de altavoz. d) Mazos de cables.
e) Terminales de cable. f) Toma de masa.

Una buena instalación de un equipo de autorradio se completa con tomas de batería de multiconexión (figura 76), que evitarán conexiones poco seguras que generen falsos contactos. También deben ser de calidad los conectores, fusibles y tomas de masa necesarias. Se debe tener

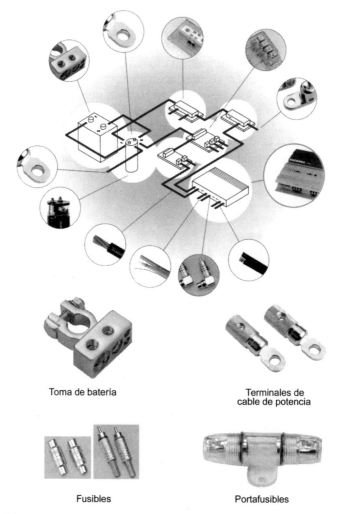

Toma de batería

Terminales de
cable de potencia

Fusibles

Portafusibles

Figura 76 (Cortesía de Radiovox, S.A.). Esquema de montaje de un equipo de sonido con condensador para estabilizar la tensión de la batería y amplificador exterior al aparato.

presente que el ahorro en los componentes de este tipo de instalaciones suele convertirse en inconvenientes en la calidad del sonido. No es que se deba derrochar cuando nos enfrentamos a una instalación de este tipo, pero, dado que el automóvil es un generador de corrientes parásitas, tampoco debemos escatimar medios si queremos obtener unos resultados satisfactorios.

REPRODUCTOR DE CINTAS MAGNÉTICAS DE SONIDO

Las casetes, como se denominan las cintas magnéticas con contenidos musicales o verbales, son un soporte magnético para grabar sonidos que después podrán ser reproducidos en un circuito electrónico con amplificador y altavoces si se dispone del instrumento lector de cintas.

Este tipo de soporte se basa en las propiedades magnéticas de los materiales férricos; se trata de colocar sobre una cinta de plástico flexible polvos o limaduras de acero o de una aleación férrica que se pueda magnetizar y luego retenga un magnetismo remanente.

Una cabeza grabadora formada por un electroimán cuya bobina está conectada a los cables que recogen las señales de un micrófono, se coloca sobre la cinta impregnada de partículas magnéticas, enrollada sobre dos discos; un motor eléctrico mueve con una correa a dos poleas montadas en los respectivos ejes de los discos donde va enrollada la cinta; este motor cuando gira mueve las poleas y desenrolla la cinta de uno de los discos mientras la va enrollando en el otro, de manera que la cinta va deslizando debajo de la cabeza grabadora.

El electroimán de la cabeza grabadora recibe en su bobina la señal generada en el micrófono, por los sonidos que se producen en el estudio de grabación; esta señal va dando intensidad al campo magnético de la bobina del electroimán y éste magnetiza las partículas de la cinta que conservarán este magnetismo.

Las variaciones de intensidad del campo magnético del electroimán dejan una señal magnética en la cinta, a imagen de la señal sonora generada en el micrófono; si esta cinta la hacemos pasar frente al extremo de una bobina, el magnetismo remanente de las partículas férricas de la cinta inducirán en la bobina una señal idéntica a la que ha generado el magnetismo de la cinta. Esta señal, tratada como las señales de radio y aplicadas a los bornes de un altavoz, reproducirá los sonidos grabados en el estudio.

En los actuales radiocasetes las cabezas grabadora y lectora son la misma bobina que está conectada a un circuito al que alimenta una señal cuando hay que grabar o a un circuito amplificador cuando hay que reproducir. Para evitar distorsiones del sonido debidas a variaciones en la velocidad de la cinta a su paso ante la cabeza lectora/grabadora del aparato, existe una rueda de goma (cabrestante) que apoya en el eje del motor de arrastre y que, mediante la tensión de un resorte, la obliga a pasar entre ambos a una velocidad constante.

El motor que mueve la cinta en los aparatos reproductores de cintas de sonido tiene tres escobillas sobre el colector del inducido; de esta manera se pueden obtener dos velocidades: una de grabación y reproducción, alimentando el motor por dos escobillas, y otra de bobinado o rebobinado rápido, para poder deslizar la cinta a una posición determinada sin grabar ni reproducir, alimentando el motor por las tres escobillas.

Los botones de mando de un radiocasete son simples interruptores de los circuitos: de alimentación del motor con inversión de giro, del circuito de entrada de señal y del circuito amplificador, a excepción del botón de reproducción (PLAY) que, además de actuar como interruptor, mueve un juego de palancas para acercar el cabezal del aparato y la rueda de arrastre a la cinta.

Las cintas de sonido (figura 77) van depositadas dentro de una caja de plástico que contiene unas guías para que los dos discos donde se enrolla la cinta puedan girar y no se salgan de su emplazamiento. La caja tiene tres aberturas, dos en forma de agujero en las dos tapas de la caja, que es por donde se introducen los ejes de las poleas que mueve

Figura 77. Soportes magnéticos para datos. a) Disquete magnético de 3½" para almacenar datos de ordenador. b) Disquete magnético de 5¼" para almacenar datos de ordenador sin la funda protectora. c) Cinta magnética para almacenar datos de sonido.

150

el motor del radiocasete. Y la tercera abertura, la boca de grabación/reproducción, está situada en el lateral de la caja y permite el contacto entre el cabezal del aparato y la cinta magnética.

En el lateral opuesto a la boca de grabación hay dispuestas dos ranuras tapadas por unas lengüetas que son los elementos de seguridad contra grabaciones no deseadas.

El circuito de entrada de señal se cierra por el botón de grabación (REC), pero a través de un contacto situado detrás de la casete frente a una de las lengüetas; si no están las lengüetas, el contacto no cierra el circuito y no llegan señales a la cabeza grabadora.

OTRAS APLICACIONES DEL REGISTRO MAGNÉTICO

El soporte magnético también se utiliza en otras facetas, exactamente en la misma forma como cintas de señales ópticas; son las llamadas cintas de vídeo, cuya verdadera diferencia con las cintas de sonido es que son más anchas para poder ensamblar la señal de imagen con la de sonido.

También en informática se utiliza este sistema para grabar o registrar programas y todo tipo de datos; en este sistema se ha sustituido la cinta por un disco de plástico mylar (figura 77) en el que se han depositado los polvos de óxido de hierro, en forma de agujas microscópicas, sobre la superficie del disco formando coronas circulares concéntricas con el centro del disco; en estos discos, llamados flexibles, debido a los problemas de dilatación sólo se colocan 20 pistas por centímetro de radio, con una capacidad de almacenar tantos datos como unos 20 millones de bits; cada bit se corresponde con uno de los dos estados de una señal digital o, lo que es lo mismo, con un valor 1 o 0.

Los ordenadores disponen de discos fijos construidos de aluminio, llamados discos duros, en los cuales la anchura de cada corona circular o pista de material magnético es de 0,020 mm y se consiguen densidades de 400 pistas por centímetro de radio, lo que puede suponer una capacidad para almacenar hasta unos cuantos miles de millones de bits.

El disco gira movido por un motor paso a paso controlado por el microprocesador del ordenador y el diminuto cabezal de lectura/escritura (figura 78) va señalando las pistas magnéticas circulares con zonas polarizadas que significarían el valor 1 del sistema binario, o el máximo de la señal, y zonas sin polarizar que serían el valor 0 del sistema binario, o el mínimo de la señal.

Figura 78. Cabeza lectora/grabadora de disquetes magnéticos en un ordenador o "PC".

En realidad existe una polarización inicial en las pistas del disco magnético y lo que hace el cabezal es invertir la polarización y de esta forma se induce de manera más fácil una señal en el cabezal a la hora de leer los datos almacenados en el disco. Realmente el sistema es más complicado, pues es necesario marcar en las pistas una separación entre cada dos bits consecutivos, o entre cada par de valores, ya sean 0 –1, 1 –1 o bien 0 –0 y añadir bits para el control de errores.

REPRODUCTORES DE DISCO COMPACTO (CD)

Un nuevo sistema de registrar efectos sonoros o musicales se está imponiendo en el mercado tanto a nivel doméstico como a nivel de autorradio: el soporte óptico para señales analógicas. Los llamados discos compactos, que bajo la denominación de CD-ROM también cubren un campo dentro de la informática.

Este sistema está basado en la reflexión de la luz. Se trata, por tanto, de disponer de un disco de material reflector de la luz, como el aluminio pulido, y crear en él zonas ciegas a la reflexión, de manera que el punto que refleja la luz se pueda interpretar como el valor 1 de una señal digital y el punto oscuro como el valor 0.

Una fuente de luz monocromática, o rayo láser, es la utilizada para grabar y leer los discos compactos; el láser utilizado es del tipo de semiconductor. Emitir haces monocromáticos de luz en la franja del infrarrojo es una de las propiedades de la unión *PN* cuando el semiconductor es de arseniuro de galio y posee el dopado adecuado.

El sistema consta de una fuente de alimentación para el láser semiconductor, el cristal generador del haz láser y un prisma (figura 79) que, al recibir el rayo láser, que incide perpendicular a una de sus caras, lo deja pasar para que ilumine el disco y, cuando el rayo es reflejado por éste, incide en la cara inclinada del prisma y es desviado hacia el circuito amplificador de señales. Dicho circuito tiene en su entrada un fototransistor, cuya base es sensible a la radiación infrarroja, y cada vez que el rayo reflejado incide en su base, el transistor conduce; cuando el rayo láser incide en una zona opaca del disco, no se refleja. De esta manera se recupera la señal analógica.

Sobre el disco de aluminio, destinado a almacenar datos, se deposita una lámina de una sustancia transparente y de bajo punto de fusión en forma de canal en espiral y este conjunto se encierra dentro de dos tapas circulares de plástico transparente. Este montaje, que es el disco compacto, se graba con un láser potente que, de acuerdo con las señales

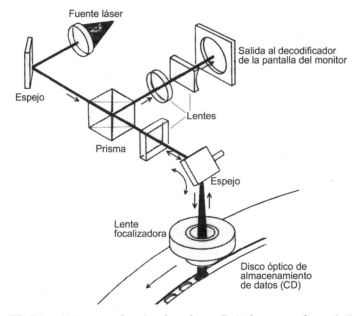

Figura 79. Dispositivo para leer/grabar datos digitales en un disco óptico para el microprocesador de un PC.

digitales que deberán reproducirse, va fundiendo puntos de un micrómetro de diámetro de la sustancia transparente en la pista espiral del disco y que serán las zonas de sombra (los valores 0 de la señal); desde los puntos en los cuales no ha actuado el láser, cuando sean iluminados, el aluminio reflejará el rayo láser y serán los puntos de valor 1 de la señal digital.

Los láseres de los lectores de discos compactos son de poca potencia; suele estar comprendida entre 80 y 100 mW.

Resumiendo, un láser de potencia "escribe" sobre la superficie del disco compacto una serie de puntos fundidos que, junto con los espacios que no han sido afectados por el láser, representan el conjunto de valores 0 y 1 de una señal digital; otro láser de baja potencia iluminará el canal del disco y, por los impulsos de las zonas que reflejan el rayo del láser lector, se reproducirá la señal analógica en un circuito amplificador.

Un motor hace girar el disco variando la velocidad de giro según el diámetro que ocupa la banda espiral, para que la velocidad de lectura sea constante; otro motor va desplazando el cabezal láser lector en sentido radial para seguir el desarrollo de la banda espiral al girar el disco.

Las señales de audio y video, ya sea la voz humana, el sonido de un instrumento musical, un ruido, la imagen de un movimiento, no son señales digitales (no son del tipo todo o nada) sino que son señales analógicas que varían de intensidad y tono o de frecuencia y amplitud en el tiempo que se producen. A pesar de ello, gracias a la electrónica y la informática estas señales analógicas pueden ser convertidas a señales digitales, mucho más fáciles de tratar y reproducir y sin pérdida de calidad. Por ello los sistemas de radio y televisión en un futuro muy próximo se emitirán en forma de señales digitales, previa transformación de las señales de origen.

Además, entre el lector láser y el disco no hay contacto físico, lo cual evita desgastes quedando los contenidos de los datos mucho más tiempo almacenados sin pérdidas de calidad.

SISTEMAS DE NAVEGACIÓN

Lo más avanzado en sistemas multimedia adaptados al automóvil son los sistemas de navegación, que constan de un ordenador con una pantalla de cristal líquido; con estos medios y los programas de navegación que constan de los mapas de una determinada zona geográfica, por donde se va a desplazar el coche, y aprovechando las señales que al girar las ruedas se generan en los sensores del sistema de frenos ABS, se puede ver en la pantalla información sobre el camino a seguir para alcanzar un destino previamente determinado.

Para utilizar el sistema de navegación primero hay que introducir, en el sistema, las coordenadas del vehículo situado en un punto determinado de la topografía urbana, que será la referencia de los posteriores desplazamientos; a partir de aquí podremos indicar un destino y el sistema nos indicará el camino a seguir, y no sólo el itinerario sino que nos ofrecerá las indicaciones precisas para seguirlo correctamente con indicaciones sonoras, o presentando diagramas de desplazamiento, o mapas con indicación del camino; esto según sea la versión del programa que se disponga.

El microprocesador se carga con el programa correspondiente, que debe comprar el usuario, que contiene los mapas topográficos del medio urbano o rural por donde va a circular el automóvil y las instrucciones para presentar en pantalla; de acuerdo con un destino elegido por el usuario, la ruta a seguir es explicitada de varios modos; éstos suelen ser mapas de población o de carreteras con el trazado del itinerario a seguir sobreimpresionado, esquemas de indicaciones de la dirección a seguir o breves instrucciones orales a través de un altavoz (figuras 80 y 81).

Junto con esta información, el microprocesador utiliza las señales que las ruedas fónicas generan en los captadores del sistema ABS, para saber las revoluciones que dan las ruedas y, por consiguiente, cono-

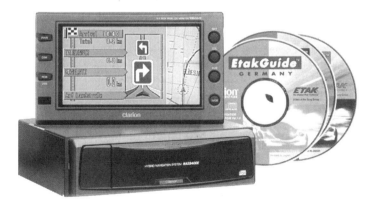

Figura 80 (Cortesía de Clarion Spain, S.A.). Microprocesador de navegación y pantala de cristal líquido donde se ofrece la información. Con disquetes ópticos que contienen los mapas.

Figura 81 (Cortesía de Clarion Spain, S.A.). Esquema de instalación multimedia en un automóvil con líneas de comunicación tipo "bus".

ciendo el radio de rodadura calcula en cada momento, con una simple operación, la distancia recorrida por el vehículo:

$$D = 2\pi Rn$$

donde π = 3,141592; R = radio de rodadura de la rueda; n = número de revoluciones efectuadas por las ruedas.

Y como se ha determinado de forma previa, a la puesta a punto del sistema, el punto de inicio donde se hallaba el vehículo, se conoce la situación teórica del mismo conforme se va desplazando.

Para obtener un servicio aceptable del sistema de navegación es necesario controlar periódicamente la presión de inflado de las ruedas y llevar los neumáticos inflados siempre a la misma presión.

Cuando un neumático se deshincha se calienta más, aumenta el consumo del combustible y disminuye el radio de rodadura de la rueda; el último suceso de los tres acabados de enunciar implica que la rueda con cada revolución recorre unos centímetros menos que cuando está inflada a la presión correcta y cuanto mayor es la longitud del trayecto mayor es la diferencia entre la distancia calculada por el sistema y la distancia real recorrida por el vehículo, lo cual nos puede conducir a un destino diferente del que habíamos programado.

Por este motivo resulta importante poder identificar los parajes de la ruta que seguimos, de acuerdo con el itinerario programado, para tener la certeza que el sistema de navegación nos guía correctamente, y esto resulta bastante difícil con la actual señalización urbana e incluso en la señalización de carreteras.

Una señalización visible e identificable de calles, plazas, direcciones, carreteras y caminos es el complemento necesario para hacer viables los sistemas de navegación.

Todos los sistemas que requieran la atención visual del conductor se deberán consultar con la debida precaución, pues debemos ser conscientes que cuando se conduce nuestra atención debe estar centrada en la calzada y en todo lo que en ella acontece para evitar vernos implicados en accidentes de circulación.

SISTEMAS DE TELEFONÍA

La telefonía aplicada al automóvil es el sistema que ha experimentado mayor cambio, con los avances tecnológicos, desde los primeros sistemas que significaban un verdadero lujo pues el usuario debía disponer de su propio emisor de radiotelefonía, normalmente fijo e instalado en un edificio, y el correspondiente receptor en el automóvil; esto hacía el sistema accesible sólo a las grandes empresas o a los servicios de seguridad pública.

En la actualidad con la proliferación de la telefonía móvil basta, como única instalación para disfrutar de un receptor telefónico en el automóvil, disponer de un soporte en el salpicadero que nos deje a mano el aparato receptor, para que no tengamos que distraernos buscándolo por bolsos y bolsillos cuando recibamos una llamada y estemos conduciendo.

Si el motor produjera muchas interferencias en el sistema de telefonía móvil, tenemos dos opciones: una, efectuar un desparasitado de la instalación eléctrica del vehículo y, dos, detener el automóvil y bajar de él para recibir cómodamente la llamada o simplemente quitar la llave de contacto.

A pesar de lo acabado de explicar, hay toda una oferta en el mercado de aparatos de telefonía para incorporar al automóvil con antena y receptor; este montaje permite oír las llamadas a través de los altavoces del radiocasete; las antenas están adaptadas a las frecuencias en que se emite la telefonía.

SISTEMAS DE VÍDEO

También la televisión se ha incorporado al automóvil, sobre todo en los vehículos de transporte de pasajeros para amenizar los desplazamientos a larga distancia. Se trata de la reproducción de imágenes grabadas en soporte magnético donde se da la mayor profusión de instalaciones.

Por la forma que tienen de propagarse las señales de televisión, su recepción necesita una buena antena orientada hacia la antena de la emisora; por este motivo, resulta difícil poder captar correctamente estas señales con el vehículo en movimiento y, por esta razón, son instalaciones de aparatos reproductores de cintas de vídeo los que se montan principalmente en los autocares.

La instalación del sistema de vídeo tiene los mismos requerimientos que la de un radiocasete, si acaso afinando más en el desparasitado, aunque en los vehículos actuales que disponen el motor en la trasera del vehículo o debajo del suelo del autocar entre las vigas del chasis, áquel se encuentra bastante alejado del aparato reproductor y genera menos perturbaciones que en un automóvil.

La salvedad principal está en la ubicación de la pantalla dentro del autobús, para conseguir que los pasajeros tengan un buen ángulo de visión que les permita disfrutar del programa; si además la instalación del autobús dispone de un cableado con auriculares individuales en cada asiento, se pueden alcanzar unos niveles inmejorables de recepción del programa por parte del viajero, con independencia del ruido o las conversaciones que puedan estar presentes dentro del vehículo de transporte.

CORRIENTES PARÁSITAS

En el conjunto del automóvil se producen una cantidad indeterminada de campos magnéticos; el alternador o la vieja dinamo, los motores eléctricos como: el del limpiaparabrisas, de ventiladores, tanto de refrigeración como de calefacción y aire acondicionado, todos tienen su campo magnético; si recordamos que cada corriente eléctrica genera un campo magnético, en los motores de encendido por chispa hay que añadir los, nada desdeñables, campos magnéticos de la bobina de encendido y los producidos por las corrientes de alta tensión que van a las bujías y, aunque de menor rango, los ocasionados en toda la instalación eléctrica cuando es recorrida por una corriente, además de las chispas que se producen cada vez que se acciona un interruptor.

Cada una de las situaciones acabadas de describir significa una perturbación que puede ser captada por los sistemas de audio, vídeo o navegación instalados en un automóvil y crear una distorsión, ruidos, pérdida de señal o interferencias con el programa que se está sintonizando en una emisora de radio, con la reproducción de una grabación o en la ejecución de un programa de guiado. Por estos motivos es importante eliminar estas señales parásitas, para conseguir el correcto funcionamiento de los componentes multimedia instalados en el automóvil; no debe perderse de vista que eliminar efectos parásitos la mayoría de las veces significa aumentar la resistencia del circuito eléctrico donde se produce el parásito y que este incremento de la resistencia eléctrica puede perturbar el funcionamiento del circuito que origina los parásitos.

Aunque una importante fuente de parásitos es el motor de arranque, por las elevadas intensidades que se manejan, al tratarse de una acción puntual durante la cual no debería estar ningún consumidor eléctrico en marcha, y mucho menos el aparato de radio, no es necesario su desparasitado.

Todos estos campos magnéticos que se producen en el automóvil son capaces de inducir corrientes parásitas en los lugares más insospechados. Recordemos que los soportes de los devanados en los motores y en el generador están formados por paquetes de chapas de acero, con sus superficies de contacto aisladas para evitar que las corrientes parásitas de Foucault cobren entidad y, por efecto Joule, conviertan el inducido en una tostadora de cables conductores con efectos ruinosos sobre su aislamiento.

Hay que pensar que en la casi totalidad de los automóviles los componentes de las carrocerías y de los motores son metálicos; tanto si son de acero, hierro, aluminio, u otra aleación metálica, son buenos conductores. Si resultan sometidos a estos campos magnéticos, móviles o de intensidad variable, se inducen en dichos componentes corrientes parásitas que, si bien no generan problema alguno por efecto Joule, sí que pueden ser absorbidas por los componentes del sistema de sonido que lleve instalado el coche, pues están diseñados para recibir, amplificar y convertir en sonidos las débiles señales electromagnéticas de las emisoras de radio.

Por consiguiente, los propios campos magnéticos, por ser de la misma naturaleza que las señales de radio, o las corrientes parásitas que inducen, pueden colarse dentro del receptor de radio o del reproductor de casetes o de discos compactos en forma de ruidos que estropean con su interferencia la audición o incluso pueden sobreponerse a ella ahogándola.

Por estos motivos deben tomarse una serie de precauciones con todos los componentes de los equipos de sonido instalados en un automóvil. La primera es proteger al conjunto de los campos magnéticos para lo cual disponemos de dos técnicas: el efecto Faraday y el diamagnetismo.

EFECTO FARADAY

Faraday, en sus múltiples experimentos con la electricidad, descubrió que un cuerpo conductor hueco protege a los elementos situados en su interior de los posibles efectos o perturbaciones electromagnéticas producidas por entes situados en el exterior; además, si el conductor está conectado a masa, su acción es reforzada al poder derivar a masa cualquier corriente parásita.

Esto es lo que se conoce como apantallado y los receptores de radio, radiocasetes o reproductores de discos compactos deben estar situados dentro de una caja metálica conductora conectada a masa que haga de pantalla, evitando las influencias externas de los campos magnéticos y corrientes parásitas sobre los componentes electrónicos del aparato.

También el cable de la antena debe estar apantallado; a este fin se utilizan los denominados cables coaxiales, que están formados por un núcleo conductor rodeado de material aislante. Encima del aislante se coloca una malla conductora, por ejemplo de cobre, que hace de pantalla; cuanto más tupida sea la malla más eficaz será el efecto protector. Por último, otra nueva capa de material aislante recubre todo el conjunto. Hay que tener la precaución, una vez conectado el cable a la antena y al aparato, de conectar la malla a masa para completar el efecto Faraday.

160

DIAMAGNETISMO

Según su comportamiento frente a los campos magnéticos, las sustancias se dividen en dos grandes grupos: aquellas que sumergidas en un campo magnético concentran las líneas de fuerza del campo en su interior, llamadas paramagnéticas, y las llamadas diamagnéticas que, inmersas en un campo magnético, dispersan las líneas de fuerza.

El hierro, en su variedad denominada ferrita, es una sustancia altamente paramagnética. Por este motivo se utiliza como núcleo de bobinas y electroimanes, mientras que el bismuto es diamagnético y su efecto de dispersión lo hace ideal como componente de materiales conductores, para su uso en pantallas de equipos de radio para automóviles.

Con estas técnicas de protección no podemos dejar todos los resquicios protegidos, pues la propia antena es una varilla metálica destinada a captar las señales de las emisoras y no podemos impedir, a pesar del apantallamiento que ofrecen los capós y la carrocería cuando son metálicos al encerrar al motor y las perturbaciones que produce, que algunas perturbaciones se nos cuelen por la antena y provoquen ruidos.

También los cables de los altavoces recogen perturbaciones pero éstas no afectan a la calidad del sonido si se introducen dentro del aparato, por lo que basta con proteger las salidas de los circuitos del sistema con circuitos que deriven estos ruidos a masa.

DESPARASITADO DE UNA INSTALACIÓN ELÉCTRICA

La segunda precaución que debemos tomar, para eliminar los ruidos y efectuar una instalación correcta del equipo de sonido, es eliminar las corrientes parásitas.

El primer paso para eliminar las corrientes parásitas es disponer de buenas tomas de masa; recordemos que la instalación eléctrica del automóvil está formada por un cable que une al generador con el consumidor y la carrocería metálica hace de conductor para que la corriente pueda regresar al generador; en consecuencia, si se generan corrientes no deseadas en determinados puntos del vehículo, dispongamos de un camino amplio para que puedan ser recogidas por el generador.

Como ejemplo comparativo, el circuito de masa en un automóvil lo podemos considerar como la cuenca hidrográfica de un valle de alta montaña; este valle en las cumbres tiene situados los consumidores de electricidad, en el fondo del valle hay un lago, la batería, que recoge todos los electrones que van derramando los consumidores, por las laderas de las montañas que cierran el valle formando ríos y torrentes.

En la naturaleza, las aguas buscan siempre los lugares de máxima pendiente para descender al fondo del valle; en el automóvil las corrientes eléctricas buscan los caminos de mínima resistencia. Este camino resulta difícil de identificar y para cada coche es peculiar, aunque dos automóviles sean de la misma marca y modelo. La forma de los puntos de soldadura son distintos pues depende, entre otros factores, del grado de desgaste de los electrodos de la máquina o robot soldador; si bien estas tenues diferencias no afectan a la resistencia estructural, ni a la solidez del conjunto, sí que los tratamientos de protección de la chapa y su posterior pintado pueden tener mayor o menor nivel de penetración y abrir o cerrar pasos, a la corriente eléctrica, entre los diferentes componentes de la carrocería.

Facilitar este camino de regreso de los electrones, asegurando una buena conexión a masa de todos los componentes eléctricos del automóvil, es básico en la operación de desparasitado de una instalación e incluso, en casos dudosos, establecer puentes con cinta multifilar de cobre, por ejemplo entre motor y chasis si se considera insuficiente la toma de masa existente.

El segundo paso será colocar condensadores en las tomas de masa de cada consumidor, para eliminar las crestas de tensión; los condensadores, cuando se conectan a un circuito de corriente continua, en el momento de cerrar el circuito se cargan rápidamente y, cuando se conectan en un circuito donde se presentan crestas de tensión, se cargan durante el paso de la cresta y disminuyen el pico de la cresta descargándose sobre el valle de la señal; de esta manera, la corriente después del condensador ha perdido la intensidad de ruido que traía.

Recordemos que en las fuentes de alimentación de corriente continua se coloca un condensador a la salida para que la corriente sea lo menos pulsatoria posible (figura 82).

Por ejemplo, en el circuito de encendido se producen crestas de tensión del orden de 20 a 30 kV; esto convierte a este circuito dentro del "valle de la masa" en un violento torrente que genera trastornos parasitarios de envergadura; el condensador es como si a este torrente de grandes saltos le pusiéramos una presa que regulara el caudal, el cual llegaría con poca fuerza al lago "batería" y sin producir ruidos en el equipo de sonido.

Por lo expuesto anteriormente, cada coche tiene un desparasitado peculiar y no se deben colocar condensadores en exceso en un vehículo que entre en nuestro taller para que le solucionemos un problema o le

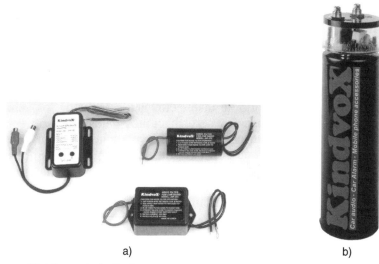

a)   b)

Figura 82 (Cortesía de Radiovox, S.A.). a) Filtros desparasitadores. b) Condensador de elevada capacidad para estabilizar la tensión de la batería.

realicemos una instalación de un equipo de sonido, si queremos ser competitivos, pues los condensadores de calidad preparados para esta misión son caros y para tener la seguridad de realizar bien la operación hay que averiguar qué elementos son los que crean ruidos.

Empezaremos por el motor, haciéndole girar en todos los regímenes y cargas para averiguar si en alguna circunstancia produce perturbaciones al equipo de sonido; acelerando el motor con el embrague pisado y cortando de golpe el encendido podremos comparar el nivel de perturbaciones que se generan con el motor girando, con el sistema de encendido activo y cuando está fuera de servicio.

En este apartado los vehículos con motor Diesel son más fáciles de desparasitar pues no tienen circuito de encendido, y nos ahorramos los campos magnéticos de la bobina de encendido además de las corrientes de alta tensión en las bujías, una de las peores fuentes de parásitos en un automóvil.

Después de desparasitar el encendido del motor hay que ir conectando todos los componentes eléctricos del vehículo para ver, uno a uno, el efecto que producen y si es necesario actuar sobre ellos. Por ejemplo, deberemos esperar que el motor esté caliente y entre en funcionamiento el electroventilador del sistema de refrigeración del motor e ir poniendo en marcha el aire acondicionado, la luneta térmica, el limpiaparabrisas, los cierres centralizados de las puertas, hasta haber conectado todos los circuitos eléctricos de que dispone el vehículo, y ver los efectos que su funcionamiento tiene sobre el equipo de sonido y si es necesario colocar el correspondiente condensador.

Las resistencias y los circuitos separadores de tensión también se utilizan en el desparasitado de instalaciones eléctricas de los vehículos automóviles; en tanto que las perturbaciones parasitarias no son otra cosa que corrientes eléctricas, disponer resistencias en serie en el circuito por donde circula una corriente formada por impulsos de tensión de valor variable, por ejemplo, la corriente que va a las bujías, significa que la caída de tensión generada por la resistencia atenúa los valores máximos de cada impulso que circula por la línea; pero debemos ser precavidos al utilizar este sistema de desparasitaje, porque implica una pérdida de potencia para el consumidor que alimenta la línea desparasitada proporcional a la caída de tensión que provoca la resistencia. Por estos motivos, resulta prudente buscar otros sistemas.

Por ejemplo, si necesitamos desparasitar el circuito de encendido de un motor es preferible apantallar las bujías con capuchones metálicos y el distribuidor con un casquillo de chapa (figura 83), que colocar los cables –que unen el distribuidor con las bujías– del tipo que llevan resistencias incorporadas o unos normales y añadir las resistencias que eliminen los efectos parásitos en el receptor de radio, pues en este último supuesto estaremos debilitando la potencia de la chispa de encendido con los problemas que de ello se pueden derivar para el motor.

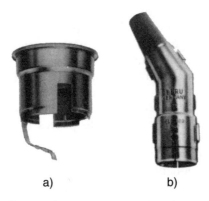

a)   b)

Figura 83. a) Casquillo metálico para apantallar el distribuidor. b) Capuchón metálico para apantallar las bujías.

En los motores de ventiladores y limpiaparabrisas se suele colocar como elemento desparasitador un circuito separador llamado también filtro. El circuito separador está formado por un condensador y una bobina situados en dos ramas en paralelo antes de la toma de masa de un conductor. En los motores la corriente de alimentación es continua y ligeramente pulsatoria; recordemos que el puente rectificador del alternador entrega una corriente con una cierta ondulación o, lo que es lo mismo, los valores de tensión e intensidad presentan una cierta variación dentro de un campo de valores, de cierta amplitud, determinado por el número de fases del alternador; cuantas más fases, menor es la ondulación, que también depende del tipo de puente rectificador (si éste es de media onda o de onda completa). A esta corriente de alimentación, que podemos considerar continua, se le suman otras corrientes parásitas producidas por los campos magnéticos del motor, tal como se ha descrito anteriormente.

Estas corrientes, cuando recorren la masa del vehículo hacia la batería, pueden afectar al equipo de sonido; pero si se coloca un filtro en la toma de masa del motor, la corriente de alimentación "continua" se dirigirá hacia masa a través del ramal de la bobina del separador, pues los condensadores en un circuito de corriente continua, cuando se han cargado, interrumpen el paso de la corriente y la señal o corriente parásita se desviará hacia la rama del condensador; éste se cargará con el máximo y devolverá su carga con el mínimo del impulso, devolviendo a masa una señal casi plana y sin efectos perturbadores.

Los automóviles actuales todos llevan alternador y la corriente que suministra el puente rectificador es del tipo pulsatoria; este hecho obliga a disponer, en paralelo con el aparato de radio, un condensador que suavice con su acción el impulso de la corriente de alimentación del equipo de sonido, como si se tratara del condensador que se dispone en la salida de las fuentes de alimentación destinadas a usos electrónicos. De esta manera se elimina un ruido persistente de fondo ocasionado por la oscilación de los valores de tensión e intensidad de la corriente que suministra el alternador.

Capítulo 7

Sistemas de confort

SISTEMAS AUTOMÁTICOS

Cada vez son más numerosos los dispositivos sencillos que se incorporan al automóvil para facilitar su manejo y hacerlo más cómodo: los elevalunas automáticos, los cierres centralizados de puertas, los ajustes automáticos de asientos y de retrovisores son ejemplos de sistemas automáticos que aportan comodidad al manejo del coche.

ELEVALUNAS

Una de las maniobras incómodas en el automóvil es subir o bajar el cristal de las ventanillas; caso de tener que hacerlo de forma manual se recomienda detener primero el vehículo, pues es fácil que con el movimiento de girar la manecilla movamos todo el cuerpo y, con él, el volante de dirección desviando el vehículo de su trayectoria; en este aspecto el elevalunas automático es un dispositivo bien recibido.

Para subir o bajar los cristales de las ventanillas de los automóviles se dispone de un motor eléctrico de imanes permanentes dentro del hueco de la puerta, detrás del panel del tapizado de la misma.

Este motor tiene montado en su eje un engranaje que engrana con un sector dentado situado en el extremo de una palanca; ésta por el otro extremo va unida de manera articulada al fleje que hace de bastidor y guía al cristal de la ventanilla; un interruptor-conmutador permite invertir el sentido de giro del motor. Cuando éste gira, el sector describe un cierto ángulo que se traduce en un movimiento ascendente o descendente del otro extremo de la palanca que arrastra hacia arriba o hacia abajo al conjunto cristal y bastidor, abriendo y cerrando la ventanilla.

Algunos vehículos sustituyen el conjunto piñón-cremallera por un cable de acero, guiado por una funda, que se enrolla o desenrolla en el canal de una polea montada en el eje del motor, como se muestra en la figura 84, obteniéndose idénticos resultados con esta variante del sistema.

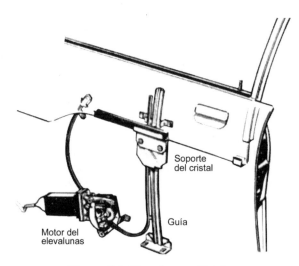

Figura 84. Elevalunas eléctrico.

Un relé térmico hace de seguro de sobrecargas para proteger al motor de posibles atascos del cristal de la ventanilla; cuando se produce una sobrecarga del motor, el relé se dispara y deja al motor sin corriente de alimentación; además un fusible protege a todo el circuito.

CIERRES CENTRALIZADOS DE PUERTAS

Como el cierre de las puertas de los automóviles dispone de un dispositivo de seguridad que consiste en una varilla que asoma por la ventanilla de la puerta, para enclavar en posición de cierre el pestillo de

168

la cerradura, la forma de automatizar las cerraduras consiste en disponer, en el centro de la varilla, una arandela de ferrita y rodear la varilla por encima y por debajo de la posición de la arandela de sendas bobinas de hilo de cobre aislado (figura 85). Cada vez que una u otra bobina sea alimentada por la batería, se convertirá en un electroimán que atraerá la arandela de ferrita y desplazará la varilla hacia arriba o hacia abajo librando o bloqueando el cierre de la puerta.

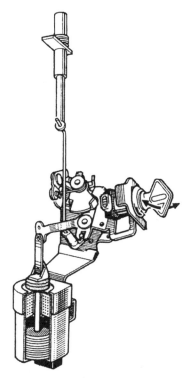

Figura 85. Mecanismo de cierre electromagnético de puertas.

Mediante una fuente de rayos infrarrojos remota o desde la propia cerradura con interruptor incorporado, y a la vez con accionamiento manual del dispositivo, se puede mandar corriente de la batería a una de las dos bobinas y accionar la apertura o el cierre simultáneo de las cerraduras de las cuatro puertas (figura 86).

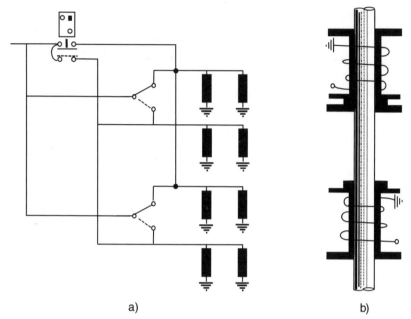

a)   b)

Figura 86. a) Esquema eléctrico de un cierre centralizado de puertas. b) Detalle
de la disposición de las bobinas en el eje de la varilla del seguro de la puerta.

LUNETAS TÉRMICAS

Uno de los inconvenientes que presentan las lunas en invierno es
que al estar frías se condensa en ellas la humedad que se desprende de
la respiración de las personas que suben al automóvil. Este efecto de
condensación empaña las lunas y dificulta la visión del conductor a su
través; en capítulos anteriores ya se ha descrito la eficacia del aire
acondicionado para desempañar la luna parabrisas.

Para desempañar la luneta trasera se recurre a una resistencia eléctrica, alimentada por la batería, que está adherida a la superficie de la
luneta o en algunos casos incorporada en ella durante el proceso de la-
minación del vidrio. Esta resistencia al recibir la energía eléctrica, por
efecto Joule se calienta y caldea la superficie del cristal evaporando el
vaho que se había condensado.

Esta resistencia, junto con el cable de alimentación, la toma de masa, un interruptor y un testigo de funcionamiento forman el circuito
eléctrico. El testigo de circuito cerrado es indispensable dado el consu-

170

mo que supone la resistencia y que, a motor parado, puede descargar la batería en pocas horas.

AJUSTE AUTOMÁTICO DE RETROVISORES

Con cuatro electroimanes colocados dentro del receptáculo del retrovisor, de manera que sus campos de fuerza actúen sobre los extremos de las palancas que sirven para orientar manualmente la posición del espejo retrovisor, se consigue una orientación automática del mismo con gran precisión, dando impulsos a cada una de las bobinas de cada electroimán desde un interruptor conmutador.

AJUSTE AUTOMÁTICO DE ASIENTOS

En los modelos de la gama alta de las diferentes marcas de automóviles disponen de un motor paso a paso, situado debajo del asiento, y el correspondiente sistema de transmisión para posicionar de manera automática el asiento del conductor y del pasajero sin que se tenga que realizar ningún tipo de esfuerzo.

Estos motores junto con el interruptor de mando suelen tener un circuito de control que lleva un microprocesador capaz de registrar los datos de una posición determinada y almacenarlos en la memoria, de manera que con una sola orden se puede recuperar la posición del asiento grabada en la memoria.

El motor, gracias a un piñón montado sobre el eje de aquél, con un embrague cónico electromagnético que engrana con una cremallera situada junto a las guías del asiento, lo desplaza hacia adelante y hacia atrás.

Otro piñón unido al eje del motor por el mismo sistema que el anterior, engrana con una rueda dentada montada sobre el eje del respaldo del asiento, de manera que al girar este engranaje el respaldo adopta un determinado ángulo respecto la vertical a voluntad del conductor. En algunos modelos de gran lujo en vez de un solo motor hay dos motores independientes, uno para la posición del asiento y otro para la posición del respaldo; en estos casos, además, se incluye un pequeño cilindro hidráulico que, situado dentro del respaldo del asiento, permite corregir la posición del reposacabezas.

Para mantener el asiento en la posición deseada se enclavan los motores con los embragues conectados.

ENCENDEDOR DE CIGARRILLOS

Se trata de una resistencia espiral contenida en la base de un cilindro metálico que en la base opuesta tiene una empuñadura a modo de tirador; el cilindro encaja en un tubo con un muelle al fondo que hace de positivo para la resistencia del encendedor, mientras que el tubo que hace de guía y contiene al encendedor está conectado a masa.

Cuando se aprieta el tirador, el encendedor entra hacia el interior del tubo y la resistencia queda incorporada al circuito por el contacto con el muelle que se ha comprimido; unas aletas retienen el encendedor dentro del tubo-guía al encajar en una ranura que éste tiene en la superficie lateral del cilindro; cuando la resistencia se ha puesto incandescente, las aletas de retención se han dilatado dejando libre el cilindro del encendedor, que es expulsado hacia el exterior por el muelle que hace las veces de contacto eléctrico para la resistencia.

RELOJ DE A BORDO

Otro de los elementos de confort es un reloj que actualmente viene incorporado en el cuadro de instrumentos; se trata de un reloj de cristal de cuarzo y digital. Estos relojes consisten en un circuito oscilador cuya frecuencia es controlada por un cristal de cuarzo gracias a sus propiedades piezoeléctricas. Los impulsos del circuito oscilador van a parar a una pantalla donde hay dispuestos 28 diodos luminiscentes (LED) formando cuatro rectángulos con una separación en el centro de cada uno; de esta manera, según el orden en que se iluminan, sirven para representar la figura de las cifras horarias.

ADAPTACIONES DE LOS VEHÍCULOS PARA DISCAPACITADOS FÍSICOS

En los automóviles especiales para conductores que padecen disminuciones físicas que suponen serias dificultades para poder conducir el vehículo, se pueden realizar adaptaciones que faciliten la labor de conducir, siempre que éstas sean aceptadas por el Ministerio de Industria. No se puede modificar un vehículo a partir de cómo lo ha definido el fabricante sin que se verifique la idoneidad de la modificación y que ésta no afecta a la seguridad vial del propio automóvil o la del resto de los usuarios de las vías públicas; en este aspecto, las modificaciones efectuadas a un vehículo para que una persona con sus capacidades físicas disminuidas pueda conducirlo no son excepción.

Las modificaciones más habituales que se realizan atendiendo este aspecto consisten en variar la forma y ubicación de los mandos que normalmente el conductor maneja con los pies, para que puedan ser manejados con las manos desde la posición normal de conducción.

La más sencilla de todas es cambiar los pedales de freno, embrague y acelerador por otros que, gracias a una mayor curvatura de la hoja del pedal, queden a mayor altura del suelo del vehículo y se pueda acceder a ellos con facilidad.

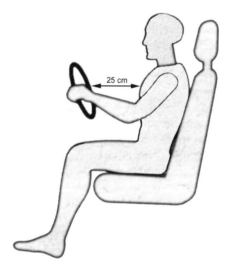

Figura 87. Posición de seguridad respecto del volante.

Dadas las características de los "air bag" esta medida debiera adoptarse con más profusión para que las personas de poca estatura, sin que ello suponga ninguna discapacidad, que tienen dificultad para alcanzar los pedales, puedan situarse a los 25 cm del volante para evitar el impacto de la almohadilla de aire y conducir cómodamente (figura 87).

Pasar los mandos de los pedales a través de la columna de dirección hasta una barra de manillar situada debajo del volante de dirección, si bien es algo complejo, no reviste una dificultad especial.

Una de las soluciones más asequibles, por disponer de los elementos para la transformación en el mercado del recambio, consiste en disponer de una barra fija de manillar con un acelerador de empuñadura giratoria igual al de una motocicleta y una palanca de freno dispuesta también de idéntica manera que en una motocicleta.

El embrague deberá ser de tipo automático, ya sea de fricción y de inercia o bien hidráulico, para eliminar una palanca de mando al conductor. En el volante de dirección, dado que el conductor deberá conducir con una sola mano al tener que estar con la otra empuñando el acelerador, se coloca un taco de seguridad para evitar que se pueda escapar de las manos del conductor.

Habrá que calcular bien los brazos de las palancas del sistema de frenos para limitar los esfuerzos que deberá realizar con la mano el conductor cuando tenga que utilizar los frenos.

Otra de las modificaciones que suelen realizarse en los automóviles destinados al uso de personas con discapacidades físicas es sustituir el asiento del conductor por uno que facilita la acción de subir al coche, ya sea con asientos más bajos o con guías más largas que permitan desplazamientos mayores del asiento para dejar más espacio entre asiento y volante en el momento de subirse.

En el mantenimiento de estas adaptaciones se cuidará de la lubricación y del buen estado de las articulaciones de las palancas del sistema, tanto para evitar desgastes como para facilitar su movimiento cuando son accionadas.

Bibliografía

F.W. Sears. Termodinámica. Editorial Reverté.
Anatole d'Hardancourt. Locos por el PC. Ed. Sybex.
A. Martí Parera. Electrónica básica en automoción. Ed. Marcombo.
A. Martí Parera. Frenos ABS. Ed. Marcombo.
Citroën formación. Suspensión hidroneumática.
Clarion Spain, S.A. Catálogo gama 1999-2000.
Mercedes Benz. Servodirección LS 3D.
Radiovox, S.A. Catálogo general y de mantenimiento.
SEAT-Service. Sistemas de aire acondicionado.
SEAT-Service. El Air Bag.

S27/E1/00

Esta edición se terminó de imprimir en noviembre de 2000. Publicada por ALFAOMEGA GRUPO EDITOR, S.A. de C.V. Apartado Postal 73-267, 03311, México, D.F. La impresión y encuadernación se realizaron en, QUEBECOR IMPREANDES, Calle 15 No. 39A/34, Santafé de Bogotá, D.C. – Colombia.